Serena Pavese

IL LEONBERGER

Quello che nessuno ti ha mai raccontato

In copertina: Harry Potter Baltic Leon's & E se mi chiamassi Jill
Fotografia di: Chiara Bracale
Grafica e impaginazione: Laura Enrico
Tutti i diritti riservati
2023

Sommario

Prefazione..I

Introduzione..1

Capitolo I - Come faccio a capire se è il cane per me?............4
Capitolo II - La scelta del cucciolo......................................11
Capitolo III - Le doti caratteriali..17
Capitolo IV - Stimoli, socializzazione ed esperienze............28
Capitolo V - Storia e genetica: l'importanza della
 disomogeneità..40
Capitolo VI - Salute e longevità..47
Capitolo VII - Alimentazione..53
Capitolo VIII - Toelettatura...59
Capitolo IX - Prospettive e pronostici sulla razza..................64

Appendice

Bibliografia

*Questo libro lo dedico a Simone, Anna e Monica,
perché senza di loro, tutto ciò che leggerai non sarebbe mai esistito.*

Ma lo dedico anche a Rhodry.

Il mio primo Leonberger, il mio One in a Million,
*uno su un milione, che ho amato tanto, tantissimo.
Mi ha salvato da tantissimi fantasmi e mostri,
sia essi fossero dentro o fuori di me.*

Rhodry, amore mio, sei in ogni parola di questo libro e spero che un giorno le nostre anime possano rincontrarsi perché io possa ripagare il mio debito nei tuoi confronti.

Rhodry
(da pedigree: Ciopper Chewbecca)

Prefazione

Mai avrei creduto di scrivere un libro.
Un po' come quelle cose a cui pensi spesso, ma ti dici sempre: "non mi sento in grado", "forse è troppo presto", "sarò abbastanza qualificata per farlo?".
Un tarlo nella testa, finché Monica non gli ha dato voce:

"Senti, ma perché non scrivi un libro?
E smettila con tutte quelle scuse...
Se non lo fai tu, chi dovrebbe farlo?"

Ho accantonato l'idea ancora per molto tempo.
Poi, di punto in bianco, Anna mi ha spronato con quasi le stesse parole.
Anna e Monica sono due persone a cui devo moltissimo, due anime estremamente gentili che hanno incrociato il mio percorso. Dio solo sa il perché le ho incontrate, ma oggi, per moltissimi motivi, oltre a quelli raccontati, le benedico ogni giorno per essere diventate mie compagne di questo lungo viaggio chiamato vita.

Ne ho parlato poi ancora con il mio compagno Simone.
Lui è uno di poche parole generalmente, sa essere di compagnia se deve, ma il motivo per cui lo amo di più è il fatto che incarni in sé il senso pratico e sintetico delle cose.
Riesce sempre a tirare le fila senza perdersi nei meandri, cosa che io invece rischio sempre.
Quando gli ho chiesto dunque un'opinione, lui si è limitato a dirmi:

"Secondo me, hanno ragione loro."

E allora eccomi qui.

Simone con due cuccioli

Introduzione

Direi una grossa bugia se raccontassi di aver vissuto da sempre con i cani.
Sarebbe ancor di più una falsità se ti dicessi che la mia famiglia amava gli animali.
Mi piacevano tantissimo, ma il massimo che ho avuto come animale domestico erano due pesci rossi in una boccia.
Ricordo come fosse adesso quando un pomeriggio tappezzai casa di *post-it* che riportavano la scritta "vorrei un cane o un gatto".
Mi presi una bella sberla dalla mamma… Per questo!

Poi un caldo pomeriggio d'estate, avevo 9 anni, mia sorella era sotto casa in sella al suo scooter e la sentivo parlare con dei signori.
C'era confusione e non capivo cosa stesse succedendo.
Le passarono una cucciolotta di tre mesi color panna avvolta in una coperta.
Il mio cuore batteva fortissimo.
Mamma e papà stavano facendo il pisolino pomeridiano.
Mia sorella entrò quatta quatta in casa e con un dito sulla bocca mi disse di fare silenzio.
Mi mostrò il fagotto:

"Si chiama Marie Lou!", sussurrò.
Era l'essere più bello mai visto.
Il mio cuore di bambina si gonfiò di una gioia indescrivibile ed è in quell'esatto istante che viene segnata la mia vita.
Messi davanti al fatto compiuto, inizialmente i miei genitori accettarono di tenerla.
Passarono i mesi e con essi i primi seri danni di cagnolina adolescente: Marie Lou aveva 9 mesi e non tollerava di essere lasciata sola a casa.
Ruppe dunque una zanzariera, la seduta di un divano, ululava e piangeva ogni qualvolta non era con noi.
Per i miei genitori fu una situazione intollerabile e, a totale mia insaputa, la portarono in canile.

Non potrò mai dimenticare il mio rientro da scuola il giorno in cui lei sparì.

Come si fa a dare una spiegazione a questo dolore?
Non si può. Agli occhi di un bambino è incomprensibile.
A 9 anni, però, ho sentito di essere protagonista di una mancata responsabilità nei confronti di un esserino che non ne poteva niente e mi sono giurata che prima o poi, avrei riavuto un cane:
gli avrei regalato la meravigliosa vita che a Marie Lou non ero stata in grado di dare.

Marie Lou

Mi imbatto nelle prime letture del Leonberger moltissimi anni dopo, in un forum casuale dove viene messo a paragone col Bovaro del Bernese.
Cerco qualche foto su internet e, che dire amici miei, il mio cuore esplode!
Da questo punto in poi ogni *step* cinofilo conseguito è stato pensato e raggiunto per essere in grado di poter gestire un cane così.
Così grande, così importante, così... tutto!
Oggi, dopo tutti questi anni, e moltissima acqua sotto i ponti, sono qui a scrivere con la speranza che chiunque possa trovare utile ciò che ho da dire.
Spero che questo libro faccia fiorire in te una passione grande come la mia o che ti faccia capire se non è la razza per te.

Dopo che si è provato un Leonberger, non si torna più indietro.

Serena e Rhodry

Capitolo I

Come faccio a capire se è il cane per me?

Un Leonberger non fa per te se...

Se non sei pronto ad accettare pelo ovunque

Jill in muta
(da pedigree: E Se Mi Chiamassi Jill)

Il Leonberger è un cane a pelo lungo e ricco sottopelo.
Nonostante una necessaria spazzolatura quotidiana, devi prepararti al fatto che perderà sempre pelo. I tuoi vestiti saranno sempre contornati da peluria, come anche i tappeti, le tende, i divani e qualsiasi tessuto con cui verrà vagamente a contatto.
La stessa lavatrice avrà peli al suo interno: li troverai nelle mutande, nelle calze, sulle giacche e anche sugli abiti eleganti.
Il rullo adesivo diventerà il tuo migliore amico.

Se vuoi che tutto sia sempre perfettamente pulito

Il Leonberger è un cane rustico.
Gli piace giocare, scavare buche, correre sotto la pioggia, pucciarsi in ogni specchio d'acqua che incontra (pozzanghera, acqua lacustre o salmastra!), poi però vorrà tornarti vicino per scrollarsi.
Se hai un giardino, aspetterà di rientrare in casa prima di scuotersi.
Risultato?
Fango ovunque, zampate di terra sul pavimento e sui mobili.
Lo stesso vale per l'auto.
Se lo porti in un bosco a passeggiare, non aspettarti di risalire in macchina senza qualche ricordo (legnetti e rovi incastrati nel pelo, zampe intrise di terra fino ai polsi, ecc., ecc.).
Aaaah, che gioia la vita!

Se pensi che il cane debba vivere fuori (giardino o terrazzo)

Il Leonberger è un cane estremamente attaccato ai suoi umani.
Non è un cane indipendente.

Serena e Brum-Brum
(da pedigree: Brangwen Casa Pavese)

Molti a prima vista possono paragonarlo al cugino Pastore del Caucaso e si fanno ingannare.
Il Leo sarà la tua ombra.
Ogni spostamento casalingo durante le pulizie domestiche (che farai spessissimo!) lo sentirai camminare e sbuffare dietro di te.
Apparirà un fumetto sulla sua testa che dice:

"Oh ma ti fermi? Ti seguo da tutto il giorno, sono stanco!".

Quando dovrai chiuderlo fuori per lavare i pavimenti, ti farà sentire in colpa per averlo abbandonato. Farà la faccia da "io sono un povero cane" che ti farà ridere e ti farà anche capire quanto ti sia legato.
A un Leonberger non frega nulla di avere un giardino enorme o un terrazzino, quasi nemmeno ci andrà se non sei lì con lui.
Pensare di prendere un Leonberger e non fargli vivere la propria vita dentro casa insieme alla propria famiglia è un errore enorme: questo lo porterà a sviluppare problemi comportamentali, in alcuni casi, anche gravi.

Se non ti piace essere sotto gli occhi di tutti

Ai tempi in cui presi Rhodry, il mio primo Leonberger, non ero consapevole di questa cosa, nessuno me lo disse. Forse non l'avrei mai preso se avessi saputo che passeggiare la domenica senza essere fermata ogni tre passi sarebbe stata un'impresa.
Oggi, ormai, è diventata un'abitudine.
Ma è giusto che tu lo sappia.
È un cane che non passa certamente inosservato e la gente si accingerà a fermarti con una moltitudine di domande che, nemmeno impegnandoti, avresti mai pensato.
Scaturirai in alcuni estrema paura e, in altri, grande stupore!
Le domande tipiche che riceverai saranno: "Ma quanto mangia?", "Lei deve avere una casa veramente grande", "Gli mette la sella?", per finire con "Ma, ma, ma... è un cane?"

Se non intendi effettuare un percorso di educazione con un professionista

L'educazione cinofila, quella fatta bene, serve.

Serena e Jill in mantrailing

Ricorda che questo meraviglioso cucciolo diventerà un cane di non meno di 50 kg.
Avere un Leonberger che tira il guinzaglio a 6 mesi, sarà matematicamente un cane che tirerà a 12 e 24 mesi.
Permettere una cosa del genere è pericoloso per te e per il cane, anche se è l'animo più gentile del mondo.
Se ami il tuo Leonberger e vuoi che sia sempre con te in ogni luogo, l'educazione di base è d'obbligo.

Se ti spaventa il costo di compra-vendita

Un Leonberger è un cane molto costoso.
Necessita di cibo di alta qualità se non vuoi essere ogni settimana dal veterinario per milleuno motivi.
Ogni cosa che comprerai sarà commisurata alla taglia del cane: i guinzagli, gli antiparassitari, i collari, le pettorine.
Le prestazioni veterinarie e la toelettatura aumentano in proporzione alla mole.
Non è un cane che si ammala di frequente ma piccole problematiche come dermatiti, otiti, zoppie (soprattutto in crescita), un'unghia che si rompe, una dissenteria una tantum, sono spese che possono raggiungere da sole cifre molto elevate.
Motivo per il quale, ai proprietari dei miei cuccioli, spesso dico di mettere a budget 150/200€ al mese per il cane: ci sono mesi che non li spendi realmente tutti, ma ci sono mesi in cui ne spendi anche di più.

Un Leonberger fa per te se...

Se ti piacciono i cani di grande mole

Sembrerà un'ovvietà ma se non hai mai visto un Leonberger adulto dal vivo, non potrai realmente capire quanto sia grande. Un Golden Retriever adulto, che è esso stesso un cane di grande taglia, è grande come un Leonberger di 5/6 mesi.
Un lato positivo di avere un cane graaaaande è che ovunque ti giri, lo hai sempre sotto gli occhi, è impossibile perderlo di vista.

Se ti piacciono i cani appiccicosi

Un Leo non sa di essere *grooosso* e ti si spalma addosso più che può. Alcuni siti web lo denominano "il più grande cane da grembo".
Ama profondamente il contatto con la propria famiglia e ti seguirà per casa come un'ombra.
Un Leo non ti fa sentire solo, MAI.

Se ti piace uscire ma non disdegni stare a casa

Jill e Rhodry che riposano

Il Leonberger è un tipico cane *on-off*: ha bisogno di molto moto ma è in grado di godersi anche intere giornate di ozio.

Se non cerchi un cane espressamente per la guardia

Non sono cani abbaioni, quando abbaiano c'è sempre un valido motivo. Ma, essendo cani tendenzialmente pacifici, affidare la guardia a un Leonberger non è l'ideale.

Se invece una guardia del corpo non ti dispiace

Serena e Rhodry in Protezione Civile

I Leo sono benevoli e pazienti con tutti, volti conosciuti o sconosciuti che siano.
Ma sono anche molto sensibili e, se percepiscono in noi paura e incertezza, loro sono in grado di prendere decisioni in autonomia.
Se dovessero ritenerlo necessario, potrebbero arrivare a difendere il proprietario senza indugio.

Capitolo II

La scelta del cucciolo

Serena e cuccioli a 40 giorni

Decidere di allargare la famiglia con l'inserimento di un cucciolo è una scelta importante, da non fare su due piedi.
 Il capitolo precedente è stato costruito appositamente per farti capire se questa razza possa fare al caso tuo; questo, invece, ha lo scopo di aiutarti a muoverti attivamente per trovarne uno.
Il Leonberger è una razza rara e la condizione necessaria perché si faccia una scelta responsabile è, innanzitutto, non avere fretta di avere subito il cane: le soluzioni veloci e in pronta consegna spesso celano situazioni truffaldine.
Dal momento in cui prendi consapevolezza di volere un Leonberger, il primo passo da fare è individuare gli allevamenti e contattarli: presentarsi e raccontare per sommi capi la propria vita è bello e importante al contempo.
Per un allevatore serio, un cucciolo non è merce di scambio: è la ciliegina sulla torta di un lavoro lunghissimo e, per certi versi, anche faticoso.

Il cucciolo è il suo capolavoro!
Non sarà disposto a darlo a chiunque, soprattutto se non sa nemmeno chi tu sia.
Per una prima e corretta impressione è assolutamente vietato scrivere:

> *"Buongiorno, volevo sapere se avete cuccioli disponibili e quanto costano, grazie".*

Non stai parlando con una/o commessa/o di un negozio per cui le informazioni importanti sono semplicemente la disponibilità di un determinato prodotto e quanto costa.

> *"Buongiorno, vendete fagioli in scatola? Quanto costano? Grazie."*

Non suona molto simile?
Ecco, per evitare che la prima impressione sia sbagliata, una presentazione sarà, invece, la scelta giusta.
Fornisco qui di seguito degli esempi di domande che ritengo essere corrette per un primo approccio:

1. Secondo Lei, il mio stile di vita è adeguato a questa tipologia di cane?
2. I miei spazi e il tempo che gli dedicherò saranno idonei?
3. In base alla mia esperienza cinofila (neofita o cinofilo di lungo corso), Lei ritiene che questo cane possa essere adatto a me?
4. Posso avere informazioni sulla sua prossima cucciolata?

Non bisogna avere fretta di chiedere il prezzo di un cucciolo, è un'informazione che l'allevatore dirà sicuramente.
È una delle parti più importanti di cui discutere ma, porre questa domanda ancora prima di presentarsi, potrebbe dare l'idea che sia l'unica cosa che importi all'acquirente.
Superato il primo scoglio, è auspicabile conoscersi di persona.
Ancora una volta mi sento di dover precisare che un allevamento non è un negozio con la merce esposta in vetrina in cui si può entrare a far visita senza un decoroso preavviso.

Inoltre, molti allevatori hanno un secondo lavoro per sostenere l'attività di selezione, altri invece si dedicano a essa al 100%.
Per questo motivo, vorrei darti un secondo importante consiglio.

*"Domenica pomeriggio possiamo passare per fare due chiacchiere?
I bambini sarebbero felici di vedere i cani."*

È la tipica frase da non dire.
Un allevamento non è uno zoo o un parco divertimenti per bambini.
Anzi, bisognerà fare particolare attenzione proprio a loro.
Un classico Leonberger è un cane vivace e ben disposto, soprattutto nei confronti dei più piccoli ma, nel 99% dei casi, è più grande di un bambino al di sotto dei 9 anni.
Questo può risultare inquietante per un bambino, che comincerà a correre e scappare e, di conseguenza, indurrà il Leonberger a rincorrere?
Possono innescarsi situazioni spiacevoli e fastidiose per ambe le parti.
Per questo motivo, al fine di tutelare i bambini e i cani stessi, bisogna parlare e accordarsi prima per le modalità dell'appuntamento.
Ottenuto l'appuntamento, ecco che finalmente vi conoscete di persona!
Adesso tocca a te valutare la situazione.
So che, in cuor tuo, la voglia di stringere un cucciolo e iniziare la vostra meravigliosa avventura insieme ti fa trepidare ma bisogna essere obiettivi.
Il primo criterio con cui valutare se prendere un cucciolo in un determinato allevamento è quello di osservare le condizioni di salute e igienico sanitarie dei cani presenti.
Una ferita, una dermatite o una zoppia sono fatalità che possono accadere.
Ma:
- cani che maleodorano di deiezioni;
- con il pelo visibilmente non curato e opaco;
- evidente stato di malnutrizione;

sono primi segnali di incuria che potrebbero estendersi anche al tuo cucciolo nei suoi primi mesi di vita in allevamento.

Ovviamente, questo criterio è secondario al fatto che l'allevamento ti mostri i propri cani!

Se non lo fa, consiglio caldamente di prendere le distanze, senza pensarci due volte.

Possono esserci soggetti più territoriali, per i quali entrare nel proprio territorio potrebbe non essere sicuro.

In tal caso l'allevatore ve lo dirà apertamente.

Non c'è nulla da nascondere in merito: sono Leonberger, non Golden Retriever.

La guardia al territorio è una dote presente nella razza in quantità variabili.

Se è proprio il padre, o la madre, della futura cucciolata a essere territoriale, sarà premura dell'allevatore darti comunque modo di vederlo, o vederla, e farti valutare che sia un cane adeguatamente amato e curato.

Lia e un suo cucciolo
(da pedigree: Alshandra)

Fotografia a cura di: Chiara Bracale

Il secondo criterio da prendere in considerazione è il carattere dei soggetti allevati.
Sono solita dire:

"Da un melo, non nasce una pera."

Se il carattere dei genitori ti lascia perplesso, non aspettarti che i cuccioli (e quindi i futuri adulti) siano molto diversi.
È certamente corretto affermare che incide moltissimo l'educazione che viene impartita una volta arrivati nella nuova famiglia, ma è oggettivamente impossibile che una mela si trasformi in una pera.
Terzo criterio è la trasparenza delle informazioni: non basta accoppiare Fufi con Bubi perché tu sia felice con il tuo piccolo Leonberger. Devono essere eseguiti un sacco di test di salute prima dell'accoppiamento.
Un allevatore serio li farà perché è responsabile della salute genetica dei cuccioli e sarà orgoglioso di mostrarteli.
Dirti *"Sì, sì, i genitori sono sanissimi"*, senza mostrare alcun documento dei test effettuati, non è un buon segno.
Verba volant, scripta manent.
Per sapere quali siano i test, essi verranno elencati e spiegati al Capitolo VI.
Quarto e ultimo criterio, non certo però per importanza, è la fiducia.
Sei entrato in sintonia con questa persona?
Pensi che stia raccontando solo un sacco di frottole o che sia una persona onesta e che sappia fare bene il proprio lavoro?
Sembra banale, ma quando avrai il tuo Leonberger a casa che mostra un problema, avere la confidenza di poter chiedere un aiuto all'allevatore, potrebbe fare la differenza tra il peggiorare la situazione o risolverla.

Rimane un ultimo quesito a cui rispondere:

"Come scelgo il cucciolo all'interno di una cucciolata?"

Serena e i cuccioli a 60 giorni

Fotografia a cura di: Chiara Bracale

Prima di tutto, bisogna chiedere all'allevatore come è solito procedere dopo le prenotazioni: alcuni seguono un ordine di prenotazione (prima scelta, seconda scelta ecc.) e ognuno sceglie in maniera autonoma il proprio soggetto; altri invece decidono a chi attribuire ogni cucciolo. La seconda opzione fa spesso storcere un po' il naso ai futuri acquirenti ma poniamoci delle domande:
Tra il futuro proprietario e l'allevatore: chi passa più tempo con i cuccioli? Chi conosce i loro caratteri?
Per questo motivo presentarsi ed entrare a conoscenza di chi sei, cosa fai e come sei fatto ha un'importanza cruciale anche da questo punto di vista: un allevatore che conosce il tuo stile di vita capirà meglio quale cucciolo è più adatto a essere il tuo compagno.
Sfatiamo il mito che i cuccioli sono tutti uguali, non è assolutamente vero!
Certo, sono tutti Leonbeger, ma all'interno della stessa razza ci sono sfaccettature caratteriali che possono fare letteralmente la differenza! Te lo racconterò nel prossimo capitolo.

Capitolo III

Le doti caratteriali

Beck's e Lagertha e come cuscino Brum-Brum
(da pedigree: Branna Tenace, Bulletproof Jotunn, Brangwen Casa Pavese)

Ritengo sia fondamentale aprire un capitolo a sé stante e spiegare che cosa sono le doti caratteriali.
Questo ci permetterà di capire sempre più approfonditamente le sfaccettature del nostro cane, o del cane che vorremmo avere al nostro fianco.
È doveroso ringraziare apertamente Vittorino Meneghetti, grande cinofilo italiano di lungo corso che, dopo anni di studio, osservazione e analisi le ha stilate e, in seguito, divulgate per tutti noi appassionati cinofili che siamo venuti anni e anni dopo di lui.
A cosa servono?
Comprendere le doti caratteriali insite nel profondo di un soggetto ci permette di capire *di che pasta è fatto*.
Mi piace paragonarle a tante piccole gocce di diverse fragranze, che messe insieme creano uno specifico profumo (nel nostro caso, il cane!).

Sono certa che alcune delle cose che troverai qui scritte, non saranno perfettamente uguali a ciò che insegna Meneghetti, ma sono soggette all'esperienza dei miei anni nell'ambito di addestramento e di selezione del Leonberger.

Va ancora premesso che le doti caratteriali, ossia il carattere, sono ben diverse dal comportamento del cane.

Il carattere è la dotazione di base, è genetica, invariabile nel tempo ed è la materia di cui è fatto il suo cuore.

Il comportamento è ciò che il cane apprende durante tutta la sua vita e le esperienze a cui è sottoposto.

Carattere e comportamento si fondono insieme in una serie di atteggiamenti che il cane mette in atto nella vita di tutti i giorni.

Ma c'è una cosa importante di cui essere consapevoli: il comportamento può essere modificato, il carattere no.

Una mela non può diventare una pera, ma può essere una bella mela o una brutta mela. Capito?

Le doti caratteriali sono 13, alcune più sottili, che analizzano le virgole, e altre predominanti.

Andiamo per ordine di importanza.

1. TEMPRA

La prima e imprescindibile.

La tempra condiziona qualsiasi sfaccettatura del cane: è la sua capacità di reggere e poi superare le situazioni spiacevoli che possono accadergli, siano esse fisiche o ambientali.

Perché ci sono cani che vengono maltrattati e non lo diresti mai e, invece, ad alcuni basta uno scappellotto per temere per sempre la mano dell'uomo?

Perché il primo ha una tempra molto alta, il secondo insufficiente.

Alcuni cani sono terrorizzati dal temporale e, al primo tuono, si rintanano sotto al letto; altri corrono e giocano sotto la pioggia.

La ragione è sempre una: c'è o non c'è tempra.

Un buon Leonberger ha tempra dura: è insensibile a qualsiasi rumore, palloncini che scoppiano, temporali, fuochi d'artificio, non sono per lui un problema. Può cadergli il mondo addosso, lui si sposterà un po' più in là per non avere fastidi.

2. TEMPERAMENTO

Esso inciderà moltissimo sul tipo di vita che avrai col cane: è, per così dire, l'energia media di cui dispone.
In gergo colloquiale è equiparabile alla vivacità.
Il temperamento inciderà moltissimo sul tipo di vita che avrai con il tuo cane: se sei una persona sedentaria, ma scegli un cane di alto temperamento, ti farà diventare matto: correrà tutto il giorno, scaverà buche, abbaierà, ti farà milioni di danni, oppure ti trasformerà da sedentario a sportivo.
Per essere appagato, un cane di alto temperamento ha bisogno di muoversi molto!
Un buon Leonberger ha medio temperamento: è cioè un cane che sa attivarsi e sa spegnersi; è pronto ad accompagnarti ovunque, anche in percorsi di alta montagna, ma poi sa godersi una sonora ronfata.
Attenzione!
Spesso *Temperamento – Nevrilità – Reattività* sono doti che vengono confuse e sovrapposte tra loro; invece, definiscono sfaccettature specifiche del carattere del cane. Essendo questo un ordine per importanza, le analizzeremo un poco più avanti.
Non è insolito vedere Leonberger di **basso temperamento**, cioè Leo molto pigri che non trovano alcun piacere nel fare qualsiasi cosa che non sia mangiare e/o dormire.
Ma non devi farti ingannare perché spesso ciò che sembra basso temperamento è invece una mancanza di...

3. DOCILITÀ

La docilità è la voglia di collaborare con l'umano.
Un cane altamente docile è il tipico tuttofare, che apprende subito, che ti guarda negli occhi in attesa che tu gli dica cosa fare.
Un cane pronto a qualsiasi cosa, che pende dalle tue labbra.
Un tipico Leonberger ha scarsa docilità: non è un cane pronto alla collaborazione.
Se non è convinto, lui ha la forza caratteriale di dirti *"a me quella roba lì non interessa e non la faccio"*.
È forse il lato oscuro più impegnativo per un neo proprietario.

Gli esercizi di obbedienza dopo un po' lo annoiano.

Le ripetizioni di "seduto-terra-resta" vanno eseguite lo stretto necessario e percepisci proprio il fumetto *"mi sono rotto i cocomeri"* che appare sulla sua testa.

Un Leonberger è una sfida, farsi ascoltare non è semplice perché ha una sua fortissima volontà, ma quando troverai quell'alchimia per cui lui capisce che ogni cosa che fai sarà super divertente, sarà prontissimo a fare quello che gli chiederai.

Ma ascolterà solo te, di ciò che dicono gli altri continuerà a impiparsene.

Serena e Rhodry al piede

4. SOCIALITÀ

Questa è una dote molto complessa, per alcuni versi è ingannevole.
Alcune scuole la chiamano sociabilità, altre distinguono socialità e socievolezza, attribuendo sfaccettature differenti.
Affinché sia di maggiore comprensione, anche io preferisco spiegarle separatamente.
La socialità è la capacità del cane di instaurare rapporti comunicativi con cani e persone: un cane altamente sociale non è per forza un cane amichevole con tutti, ma è in grado di comunicare chiaramente con una ritualizzazione perfetta, tutto ciò che vuole. I cani randagi che si trovano nei contesti suburbani sono tipici soggetti altamente sociali.
In genere, un Leonberger ha socialità medio-alta: è in grado di inserirsi agevolmente in qualsiasi contesto canino o umano senza particolari problemi proprio perché sa istintivamente comunicare bene ogni propria intenzione o stato d'animo.
Attenzione però, questo non ti deresponsabilizza del fatto che necessiti di un buon percorso di socializzazione con i simili.
Il Leonberger è di per sé un buon comunicatore, ma se lo farai vivere in una bolla di sapone o in contesti completamente inadeguati, rovinerai il suo comportamento.

5. SOCIEVOLEZZA

Questa dote, invece, riguarda proprio la volontà di instaurare *rapporti amichevoli* con gli umani estranei al nucleo familiare.
La socialità analizza la capacità di comunicare e ritualizzare, la socievolezza valuta quanto un cane è propenso a essere tuo amico.
La cosa più semplice per capire se un cane estraneo che incontri al bar è socievole è fargli le vocine tutte carine: se comincia a scodinzolare così tanto che anziché muovere la coda muove tutto il tronco, quello è un cane SOCIEVOLE!
Se il tuo Leo, alle vocine degli estranei, non batte ciglio e anzi, si gira dall'altra parte: non è socievole.
Questa dote è la più soggettiva, non c'è un vero e proprio *trend* di razza.
In base alle linee di sangue, ci saranno cani più socievoli e cani meno.

Generalmente sarà più facile avere un Leonberger riservato, che non da molte confidenze agli sconosciuti, ma che tenderà ad aprirsi una volta fatta conoscenza: questo atteggiamento in termini valutativi si piazza in una socievolezza medio-bassa.

6. AGGRESSIVITÀ

Sì, l'aggressività è una dote e può essere: scarsa, sufficiente, media e alta.
Non definisce un cane "cattivo" o no.
L'aggressività è la capacità del cane di affrontare di petto una situazione che provoca stress, io la paragono spesso al coraggio. Più un cane sa affrontare in maniera proattiva una situazione stressante, più quel cane è coraggioso: la sua aggressività sarà alta.
Se il tuo Leonberger vede in piazza due persone che si urlano contro e lo vedrai gonfiarsi (alza la coda, drizza in avanti le orecchie, alza la testa, allarga il petto) e tirare il guinzaglio verso di loro, quello **è un segnale della sua aggressività presente.**
Se dovessimo spiegarlo in parole sarebbe un "Hey, che succede? Adesso arrivo io che risolvo tutto".
Attenzione! Un cane con buona aggressività non significa per forza sia anche mordace.
Di fatto, un Leonberger è scarsamente mordace.
Il morso non è proprio nelle sue corde, è più facile che risolverà poi a conti fatti una situazione come quella raccontata mettendosi in mezzo e facendo *bau baubau*; oppure, se supportato da buona socievolezza, si metterà in mezzo e poi la butterà sul ridere facendo il giullare!
Diversa situazione si presenterebbe se, anziché dover risolvere un battibecco visto per strada, la questione riguardasse te!
Perché lì subentra anche la...

7. POSSESSIVITÀ

Questa è la tendenza del cane a ritenere sue determinate cose (cibo, giochi e **persone**) e quindi la spinta a proteggerle.
Un Leonberger è tipicamente possessivo dei propri umani, cosa che può renderlo davvero pericoloso se qualcuno si avvicina con cattive intenzioni.
Consiglio spassionato: non metterlo alla prova.
I Leo non sono stupidi e sanno ben distinguere una prova da una situazione reale; se ti stai chiedendo come fanno, la risposta risiede nel nostro odore.
Una situazione reale ci farà emettere odore di paura, sgomento, il cuore batterà fortissimo, avremo un leggero tremore: questi sono segnali che un qualsiasi cane percepisce chiari come il sole.
Addestrare un Leonberger alla difesa personale è una follia, non faresti altro che rovinare la sua indole bonaria.

8. TERRITORIALITÀ

Essa misura la tendenza del cane a proteggere il proprio territorio.
Per alcune razze, non serve fare distinzione tra territorialità e possessività perché sono tipicamente alte entrambe.
Tutti i cani da guardiania come il Pastore del Caucaso, o il Pastore dell'Asia Centrale, saranno protettivi con la famiglia, con la proprietà e qualsiasi cosa che riterranno propria.
Per protezione del territorio significa una guardia attiva, che non permetterà a nessuno di entrare, conoscenti ed estranei in egual maniera.
È, infatti, tipico per chi ha questo genere di cani, avere un recinto di "contenimento" per quando amici o parenti vengono a far visita: per un cane ad alta territorialità, un estraneo in casa propria è sempre un nemico, anche se ben accetto dalla famiglia.
Un Leonberger ha generalmente territorialità bassa, alcuni possono presentarla media, e lo si evince da quello sguardo torvo con cui non accettano di buon grado i visitatori. Resteranno però, in linea di massima, quieti a meno che non facciano gesti inconsulti nei confronti dei proprietari (perché subentra la possessività!).

*"Ma il mio fa la guardia!
Quando passano le persone il mio cane abbaia alla rete!"*

Ecco che ti frego! Questa non è territorialità bensì...

9. VIGILANZA

Il Leonberger è tipicamente un cane vigile e se sente qualcosa di strano appena al di là del proprio confine, stai certo che correrà a farsi sentire.
Ma come si distingue la vigilanza dalla territorialità?
Semplice!
Un cane vigile, non appena lo sconosciuto entrerà in contatto con i proprietari all'interno della proprietà, smetterà di abbaiare e concluderà così il suo lavoro.
Un cane territoriale, quando lo sconosciuto varcherà i confini, lo morderà.

Devar e Jill con i loro cuccioli
(da pedigree: Harry Potter Baltic Leon's ed E Se Mi Chiamassi Jill)

10. PREDATORIO

Questa dote è la gioia e il dolore di ogni proprietario o educatore di Leonberger.
Essa analizza la spinta istintiva che ha il cane nell'inseguire una preda in movimento, sia essa un feticcio o reale.
Rincorrere una pallina? È istinto predatorio.
Fare tira e molla con un gioco? È istinto predatorio unito alla combattività (altra dote che tra poco vediamo).
Rincorrere un leprotto che corre? È ovviamente istinto predatorio!
Quando vediamo un cane giocherellone, in termini tecnici lui avrà un buon istinto predatorio.
Il predatorio del Leonberger è una bella incognita, alcuni sono giocosi per tutta la loro vita, alcuni arrivati a maturazione diventano molto seri e non giocano più con nessun gioco.
Quello che però alcuni mantengono è il predatorio sul vivo.
Gatti estranei, leprotti, lucertole e qualsiasi piccolo animale che scappa veloce riaccenderà un istinto incredibile.
Se ti stai domandando se il Leonberger va d'accordo coi gatti di casa, ti rispondo così:
non c'è nessun problema a farlo convivere con qualsiasi animale domestico.
Passato il primo periodo di conoscenza, li riterrà parte della famiglia e li proteggerà.

11. COMBATTIVITÀ

Questa valuta la tenacia con cui un cane combatte con altri competitori per le sue risorse.
Cibo, acqua, persone amate, giochi, il giaciglio dove dorme: sono tutte risorse per cui il cane può entrare in competizione e, di conseguenza, litigare con gli altri cani o, addirittura, persone.
Il tipico cane di canile che porti a casa e appena dai da mangiare ringhia sulla ciotola, non ti potrai avvicinare e guai a toccarlo sarà: un cane aggressivo-possessivo-combattivo.
Lo stesso discorso vale per le situazioni all'interno delle aree cani: mai lanciare una palla o un legnetto quando ci sono altri cani all'infuori del tuo, potrebbe scatenarsi l'inferno.

Il Leonberger è un cane dalla combattività molto bassa, in alcuni cani inesistente.
Non è raro, infatti, che si faccia fregare il cibo dagli altri animali di casa senza battere ciglio.

12. NEVRILITÀ

Andiamo sempre più nel sottile!
Dote che arriva dal mondo dei cavalli, la nevrilità valuta i tempi di reazione del cane agli stimoli.
"Fido, terra!"
E lui, in un batter d'occhio, è a terra.
Ecco un cane nevrile.
Suona il campanello di casa e il cane corre immediatamente alla porta.
Ecco un cane nevrile.
Potresti a questo punto pensare che vigilanza e nevrilità siano la stessa cosa: sbagliato!
Davanti allo stimolo "campanello che suona": la nevrilità misura la velocità con cui il cane andrà verso la porta, la vigilanza valuta se è il caso di segnalare quel determinato avvenimento.
Possono essere entrambe molto alte e, in questo caso, avremo un cane che scatterà verso la porta abbaiando. Un cane poco nevrile, ma vigile, abbaierà senza correre alla porta.
Un cane molto nevrile, ma con scarsa vigilanza, sobbalzerà rimanendo nervoso e muovendosi nell'ambiente.
Il Leonberger è un cane mediamente nevrile, alcuni lo sono di più e alcuni un po' meno, essendo una dote molto marginale non è in alcun modo selezionata in allevamento; quindi, può capitare di notare sostanziali differenze tra soggetto e soggetto.

13. REATTIVITÀ

Essa misura il tempo di reazione a stimoli tipici di razza.
Di conseguenza, è come la nevrilità ma riguarda soltanto le risposte a input specifici:
quanto impiega un Pastore del Caucaso ad accorgersi che un ladro si sta approssimando alla proprietà?
La risposta ci dirà quanto questo dato cane sarà reattivo.

La reattività non è calcolabile in un Leonberger, perché non ha un vero è proprio lavoro specifico di razza.

Quindi, ricapitolando tutto, come sarà il mio Leonberger?
Ovviamente stiamo parlando di medie, ogni soggetto è differente e le sfaccettature possono cambiare moltissimo ma queste sono le linee guida:

1) TEMPRA: **alta**
2) TEMPERAMENTO: **medio**
3) DOCILITÀ: **medio bassa**
4) SOCIALITÀ: **alta**
5) SOCIEVOLEZZA: **media**
6) AGGRESSIVITÀ: **media**
7) POSSESSIVITÀ: **medio alta**
8) TERRITORIALITÀ: **bassa**
9) VIGILANZA: **medio alta**
10) PREDATORIO: **basso, in alcuni casi medio**
11) COMBATTIVITÀ: **bassa**
12) NEVRILITÀ: **bassa, in alcuni casi media**
13) REATTIVITÀ: **n.c.**

Serena e Rhodry al bar

Capitolo IV

Stimoli, socializzazione ed esperienze

Cuccioli e stimolazione sensoriale

Spesso, quando accogliamo il nostro nuovo cucciolo in casa, pensiamo che sia una *tabula rasa*, cioè che prima di quel momento non abbia appreso nulla e che non abbia alcun tipo di esperienza.
Non è vero.
L'obiettivo di questo capitolo è analizzare, fase per fase, la crescita del nostro cucciolo, dal giorno 0 ai 12 mesi, per allevare al meglio e per crescere in maniera ottimale il futuro cane adulto.

La vita in allevamento

Il cane nasce sordo, cieco e senza olfatto; ha solo gusto e tatto, essenziali per lui per riconoscere le tette e il latte di mamma.

Questa è una fase in cui non ci sono molte attività da fare, l'unico senso su cui l'allevatore può giocare è il tatto.

Facendo attenzione a non stressare troppo la mamma, la manipolazione dei cuccioli è importante: abituare i cuccioli a essere toccati è un lavoro che dura tutta la vita del cane, ma qui si cementano le basi di un processo di tolleranza per avere un Leonberger che, in caso di bisogno, si faccia toccare senza viverla come qualcosa da temere.

Tenerli in braccio, toccargli delicatamente le zampine, massaggiare i polpastrelli e le orecchie sono alcune delle cose che l'allevatore potrà fare.

Interessante lavoro di propriocezione motoria è inserire nella cassa parto superfici che presentino rilievi o leggeri ostacoli su cui loro strisceranno: in maniera diretta sulla percezione tattile, lavorerà sull'abituazione a camminare su pavimenti che daranno sensazioni differenti. Spiegata in parole povere: un cucciolo che oggi non vede e non sente imparerà a camminare su superfici "strane" per arrivare alle tette di mamma. Ne sarà talmente assuefatto che, il giorno che dovrà affrontare difficoltà simili con tutti i suoi sensi attivi, non farà alcuna fatica.

Attenzione però alla scelta delle suddette superfici: divieto assoluto di superfici scivolose che, anziché agevolare l'apprendimento motorio, renderanno difficoltoso il movimento.

Intorno al 12-13° giorno, il cucciolo comincia ad aprire gli occhi e, dopo alcuni giorni, si aprirà il canale uditivo. Anche se gli occhi saranno ancora "patinati", il piccolo comincia a percepire i movimenti ma la vista sarà effettivamente pronta intorno al 21° giorno. Gli ostacoli da presentare nel loro recinto, o cassa parto, possono aumentare di numero, diventando a tutti gli effetti un ambiente ricco: impareranno a muovere il proprio corpo per aggirarli.

Dal 12° giorno in poi, i cuccioli proveranno ad alzarsi sulle zampe e tenteranno qualche goffo passo, per cui divieto per gli oggetti dove c'è il rischio che ci possano salire sopra e poi cadere.

Dal 21° giorno, tutti i sensi sono rudimentali ma presenti per cui, gradatamente, l'allevatore potrà aumentare le difficoltà creando dei veri parchi giochi per cuccioli:
superfici particolari, oggetti appesi, giochi di diversa forma peso e materiale, tunnel, tane ecc. ecc.

Serena e cuccioli a qualche giorno di vita

C'è davvero da sbizzarrirsi!
Ecco che qui inizia la vera e propria fase di socializzazione, che durerà all'incirca fino al quarto mese di vita. È, quindi, compito di ogni buon allevatore cominciare questo processo che, successivamente, continueranno i proprietari nelle nuove case.
Abituare la cucciolata al rumore della radio, dell'aspirapolvere, del phon, della lavatrice, sono dettagli non indifferenti che possono fare davvero la differenza una volta cambiata la famiglia. Anche un cane con scarsa tempra, che si spaventerà facilmente per ogni nuovo stimolo, se ben stimolato nella fase di socializzazione, riuscirà ad affrontare egregiamente la quotidianità una volta adulto. A 30 giorni i cuccioli cominciano a esplorare attivamente l'ambiente che li circonda e faranno tesoro di ogni esperienza appresa con curiosità e scarso timore. La fase di socializzazione è una finestra di crescita importantissima e necessaria per apprendere tutto ciò che è "amico" e affidabile: attraversare con gambe malferme un ponticello in legno tremolante sarà divertente a 40 giorni e spaventosissimo a 4 mesi.
Questo ha una ragione etologica che ogni cane eredita dal progenitore lupo.

Mamma lupo, appena i lupacchiotti escono dalla tana per esplorare il mondo, li protegge e gli assicura un ambiente il più possibile privo di pericoli: è così che i cuccioli capiscono che chi li circonda a quell'età sono conspecifici o amici.

Quando i lupacchiotti crescono abbastanza per poter essere trasferiti nel centro del territorio del branco e partecipare alla quotidianità, madre natura li avrà "programmati" per diffidare da tutto ciò che non hanno conosciuto in precedenza e, quindi, considerarlo un pericolo.

Serena e cuccioli che giocano

Fotografia a cura di: Chiara Bracale

Ecco che anche nel nostro cucciolo di Leonberger (e di tutti i cuccioli di cane in generale) accade lo stesso processo etologico, solo con tempistiche un po' più generose.

Per fortuna, la domesticazione e, in seguito, la selezione da parte degli allevatori, hanno dilatato queste fasi dello sviluppo, che in termini tecnici si chiamano *periodi sensibili*.

Un cucciolo di lupo deve imparare alla svelta a capire cosa è buono e cosa è cattivo per la propria sopravvivenza, per un cucciolo di cane tutto questo è molto più *soft*.

Entro i quattro mesi di vita, il nostro piccolo Leonberger passerà dalla fase di socializzazione alla fase della paura.

Quindi, ATTENZIONE! Ogni situazione nuova, potenzialmente stressogena, sarebbe meglio che il cucciolo la vivesse PRIMA di questa età, proprio per agevolarlo nell'affrontare la fase di crescita successiva.

Nel caso in cui dovesse affrontare una situazione difficile (es. un viaggio in treno) dopo i quattro mesi, niente panico!

Bisognerà essere consapevoli che il cucciolo non affronterà con gioia ma, se troverà in te un buon supporto, riuscirà ad affrontarlo senza alcun trauma.

Cucciolo che esplora con la bocca

Fotografia a cura di: Chiara Bracale

La vita della nuova famiglia

I nuovi proprietari del cucciolo devono partire col presupposto che, dal primo giorno che il cucciolo arriva nella nuova casa, dovranno portarlo a conoscere tutte le situazioni che per la sua vita saranno ricorrenti.
Fai la vita da pendolare e prendi il treno due volte a settimana e dovrà farlo anche il cane?
Via subito in treno a due mesi e mezzo!
Sei una persona che viaggia molto in camper?
Non aspettare i 6 mesi per portarlo!
Dormi in tenda? Vai in barca? Prendi mezzi di trasporto pubblici (bus, treno, metropolitana)?
Non indugiare nel far fare queste esperienze al tuo cucciolo!
Devi essere consapevole del fatto che ci possono essere dei momenti in cui si spaventerà un pochino o sarà riluttante: armati di pazienza, buon umore e un sacco di leccornie con cui premiarlo quando avrà superato l'ostacolo.

La ricetta giusta per la riuscita è: nel tuo cuore non deve esserci il minimo dubbio che il tuo cucciolo "non riesca", "non ce la faccia", "non abbia voglia" o semplicemente "non gli piaccia".

È normale che davanti ad una difficoltà alcuni cani pensino *"No, non voglio"* e si scapicollino per andare via e sottrarsi alla situazione.

Tu non devi demordere, il tuo unico pensiero sarà *"Ce la puoi fare e io sono con te perché tu riesca"*.

Stiamo ovviamente parlando di situazioni della vita importanti, non di quelle superflue.

Esempio di una situazione superflua: il tuo cucciolo di Leonberger non ha piacere di stare nel carrello della spesa mentre fai compere.

Che senso ha intestardirsi e farglielo piacere, se tanto entro un paio di mesi un Leonberger è più grande del carrello stesso?

Una situazione diametralmente opposta, invece, è il rapporto tra Leonberger e auto.

A nessun cucciolo piace andare in auto.

Ogni cane al mondo soffre inizialmente di mal d'auto ed è normale. Ma imparare a viaggiare in auto è importantissimo: ti permetterà di vivere milioni di esperienze divertenti insieme.

Puoi insegnargli a salire nel bagagliaio aiutandoti con un bocconcino ma difficilmente un Leonberger si fa fregare con così poco.

Non fare l'errore di usare l'auto solo per portarlo dal veterinario: presto farà la connessione auto-veterinario e non lo convincerai a salire nemmeno con una bistecca succulenta.

La regola più importante di una buona vita insieme è quella di essere dei proprietari coerenti.

Ciò che per il tuo contesto familiare è un divieto, deve esserlo sempre. Per la psicologia canina non esiste: *"adesso sei un cucciolo quindi te lo permetto, ma quando sarai grande non potrai più"*.

Salire sul divano è permesso? Allora sarà permesso sempre!

Educazione cinofila

Non fare l'errore di perdonare tutte le furberie che un cucciolo commette, dicendo *"è solo un cucciolo, poi crescerà e si tranquillizza"*.

Roger nella piscina di palline
(da pedigree: Cartoonito Loco)

Fotografia a cura di: Chiara Bracale

Questo pensiero spesso avalla tantissime brutte abitudini, che ora riesci ancora a gestire perché le dimensioni sono contenute; una volta che il tuo piccolo gremlin avrà 8 mesi e sarà il doppio di un qualsiasi pastore tedesco, comincerai a pensare *"ma come mai, prima non lo aveva mai fatto"* e a lamentarti in maniera preoccupata.

Un percorso di educazione cinofila, eseguito da seri professionisti, è importante farlo appena possibile, prima si comincia meglio è.

La convinzione per cui iniziare a 3 mesi sia troppo presto è il retaggio di una cultura cinofila ormai superata.

Ottant'anni fa i cani eseguivano tutti lo stesso percorso di addestramento, che fossero cuccioli adulti, pastori tedeschi o labrador.

Non c'era differenziazione in base alle caratteristiche individuali e l'età evolutiva del soggetto. Era faticoso, certo, e mettere un cucciolo di 3 mesi nella stessa classe di un adulto di 3 anni era totalmente inadeguato. Per fortuna anche l'addestramento cinofilo è progredito e ora, invece, si fa moltissima attenzione: un tempo si addestrava solo il cane, ora il 50% del lavoro si fa sul proprietario.

Fatti questo regalo! Intraprendi questo importante percorso, ti darà strumenti e competenze che ti aiuteranno per sempre.

Simone e Gwennie a 5 mesi a lezione di Mobility
(da pedigree: Viva-Gweniver Du Plateau Bavarois)

La mia opinione personale, da addestratrice prima che da allevatrice, è di non sottovalutare mai l'educazione tempestiva di un Leonberger. Il tuo cucciolo di 2 mesi e mezzo pesa 10 kg, nel giro di neanche un anno sarà 60 kg e se non sarai stato bravo a insegnargli:

1. il richiamo;
2. a non tirare MAI al guinzaglio per qualsivoglia motivo;
3. a non abbaiare agli altri cani;
4. ad accettare di buon grado la manipolazione;

Jill a 11 mesi in "Platz"

Ti troverai molto presto a:

1. non sentirti sicuro a sganciarlo da nessuna parte perché non torna;
2. fare sci sull'asfalto perché non riesci a tenerlo, con conseguenti rovinose cadute e qualche arto rotto;
3. essere guardato male e additato come quello che ha il cane aggressivo perché abbaia;
4. impossibilitato a curarlo in caso si faccia male.

Una particolare postilla andrebbe dedicata alla questione manipolazione, argomento assolutamente da non trascurare e a cui dedicarsi in maniera categorica sin dai primi giorni di vita insieme, lo affronteremo meglio nel capitolo VIII "Toelettatura".

Il Leonberger e il lavoro

Tra i cani di grandissima mole, il Leonberger è l'unico a non avere una specializzazione, un lavoro tipico per memoria di razza.
Questo lo rende un po' sconosciuto a moltissimi addestratori: c'è chi lo inserisce tra i cani guardiani della proprietà (come fosse simile al Pastore del Caucaso), chi invece lo paragona ai Terranova e lo mette tra i cani da salvataggio in acqua.

Serena e Devar in lavoro in acqua

La verità sta nel mezzo:
il Leonberger nasce con l'unica velleità di accompagnare l'uomo.

Serena e Jill a 3 mesi

Ogni soggetto specifico ha caratteristiche quasi uniche che lo possono differenziare moltissimo da un altro esemplare.
Alcuni sono più pronti nel lavoro di guardia e altri a cui proprio non importa; ci sono Leonberger pazzi per l'acqua e il salvataggio e quelli che la schifano.
La ragione per cui all'interno della stessa razza si possono trovare grandissime differenze caratteriali trova la sua spiegazione nelle origini storiche della razza.

Rhodry in segnalazione del figurante in Ricerca Macerie

Rhodry in allenamento su campo macerie

Rhodry in Pet Therapy

Rhodry in segnalazione su Ricerca in Superficie

Capitolo V

Storia e genetica: l'importanza della disomogeneità

La storia del Leonberger è intricata e affascinante, molto più complessa di ciò che i canali ufficiali Enci divulgano. Quest'ultima è una sintesi, della sintesi, di un'altra sintesi.

Storia ufficiale delle origini

Heinrich Essig era un commerciante tedesco, nato, vissuto e morto a Leonberg tra il 1808 e il 1887.
Ebbe la brillante idea di creare una razza di cani che rappresentasse lo stemma della propria città mettendo insieme: un San Bernardo, un Terranova tipo Landseer e un Cane da Montagna dei Pirenei.
Ecco creato il Leonberger che conosciamo oggi!
Fine.

Essig e i cani del suo allevamento

Veloce, semplice, d'impatto.
Del resto, nella scelta di un cucciolo, a chi importa la storia di una razza?
Solitamente è la parte che ogni lettore salta considerandola poco importante al fine di prendere un cane.
Mi impegnerò moltissimo per fartela piacere e per farti capire quanto sia essenziale.
Quando guarderai il tuo cane, egli non sarà solo *il tuo cane*, ma sarà un pezzo di storia antico e misterioso, che conserva nel proprio sangue una lotta che nemmeno immagini e che ora ti racconto.

Storia reale

Non è dato sapere con certezza se Essig si inventò di sana pianta un cane "nuovo", ma molti documenti storici ci fanno pensare che in realtà fu solo molto furbo a cavalcare l'onda del momento.
Essig era un giovane adulto proprio quando, nella Germania e Inghilterra borghese, nacque la moda di selezionare cani per hobby. Difatti, di lì a breve nacquero i primi incontri cinologici zootecnici, ossia le primordiali expo di bellezza.
Quindi perché non approfittarne e dare in pasto ai benestanti un nuovo cane creato con il puro e semplice scopo di accompagnare l'uomo? Grande come un Leone, buono a fare un po' di tutto.
Ci sono molte ragioni per credere che Essig lavorò su una tipologia di cane esistente, molto simile già all'epoca a quello che oggi conosciamo come Leonberger.
Annoveriamo un paio di curiosità in merito.
Esistono alcuni documenti datati intorno al 1625 (quindi ben 200 anni prima di Essig) che riportano di un'importante famiglia austriaca di nome Metternich, detentrice di cani di grande mole molto simili all'attuale Leonberger.
Il professor Ludwig V. Schulmuth era assolutamente convinto che questi prototipi di Leonberger fossero discendenti dal Pastore di Ciarplanina.
Un altro interessante evento cronologico, che non combacia con la storia ufficiale, è da vedere nella storia del San Bernardo: nel 1820 si dichiara il recupero della razza attraverso l'immissione di sangue Leonberger.

Fatto però impossibile secondo la cinologia ufficiale, considerato che Essig nel 1820 aveva solo 12 anni e, di certo, non aveva ancora iniziato il suo processo di selezione.

Per questo motivo, facendo riferimento a questi documenti, nel 1820 il Leonberger esisteva già, senza che Essig ci avesse ancora messo mano.

Il ruolo di Essig è stato comunque importante, indipendentemente dal fatto che fosse una razza preesistente o meno.

Essig e i cani del suo allevamento

Da buon commerciante seleziona, produce, vende o regala i suoi cani a personaggi molto importanti d'Europa: è così che inizia a spargersi la conoscenza di questo maestoso cane.

Alcuni lo raffigurano bianco, altri carbonato, alcuni a pelo corto, altri a pelo lungo.

Il carattere è polivalente, la morfologia decisamente incerta: da molti "puristi" cinofili è stato deriso con la seguente frase *"quando non sai che razza sia, sarà certamente un Leonberger"*.

Erano moltissimi i detrattori, ma altrettanti gli amatori, ed è così che piano, piano questa meravigliosa razza si fa strada tra le insidie che il '900 porta con sé.

Nipote di Essig con Leonberger

La Prima Guerra Mondiale

Qual è lo strazio peggiore che accompagna ogni guerra? La fame.
Ogni benessere viene ridotto all'osso per sopravvivere.
La carestia e la paura di morire di fame mettono le persone davanti a scelte difficili ed essenziali.
Si poteva fare a meno di un cane di grandissima mole non specializzato? Certo.
La guardia che faceva un Leonberger poteva essere eseguita da un cane che mangiava meno e che, di conseguenza, consumava meno risorse? Certo che sì.
A cosa mi serve la compagnia di un Leonberger se entrambi stiamo morendo di fame?
È solo un costo.
Molti Leonberger furono abbandonati e morirono di fame, altri forse vennero mangiati.

Solamente pochissimi soggetti trovarono rifugio nell'esercito austro-ungarico come cani trasportatori di medicine tra i soldati di trincea e solamente personaggi storici dell'altra nobiltà (come la principessa Sissi) riuscirono a preservare la selezione.

Ecco che è così che il panorama di soggetti e il patrimonio genetico della razza ebbe una prima potatura sostanziale.

Regime nazista e Seconda Guerra Mondiale

Sebbene Adolf Hitler abbia commesso atroci crimini contro l'intera umanità, il suo operato per quanto riguarda il Leonberger è stato decisivo. Questo perché, per il Führer, tutto ciò che veniva creato in Germania era da incentivare, mostrare ed esaltare in tutte le sue forme.

Da profondo amatore dei cani, e soprattutto dei pastori tedeschi, è sotto il suo regime che il Leonberger venne recuperato e trovò di nuovo il suo senso di esistere come cane da utilità.

Otto Dietz, commissario esecutivo del Club tedesco del Leonberger (che all'epoca si chiamava Fachschaft fur Leonberger Hunde) lo descrive di qualità superiore rispetto al pastore tedesco in termini di affidabilità, resistenza al lavoro di difesa del padrone, protezione degli armenti e solidità caratteriale. Durante questo periodo viene riscritto lo standard in maniera più approfondita e viene organizzato nel 1935 la prima esposizione mondiale a cui partecipano ben 15 Leonberger.

Raduno post Seconda Guerra Mondiale

La modifica dello standard non trova consenso tra tutti gli amatori, come indicato in un documento reso pubblico dal Club, dal quale apprendiamo che molti continuarono il lavoro di allevamento e di selezione senza registrare in maniera ufficiale i nuovi nati.

La breve epoca luminosa giunge a una rapida conclusione nel 1939 con l'inizio della Seconda Guerra Mondiale.

I Leonberger non vengono impiegati in guerra; al contrario, vengono preferiti Dobermann, Pastori Tedeschi e Airedale Terrier.

Leonbergers Are The Equal of German Shepherds
Otto Dietz bought Bella from a farm kennel at two years of age. She was completely untrained and had never walked with a leash. He wrote:

After we knew each other for about three months she decided on the principle "the wiser one is giving in" ("der Kluegere gibt nach") and as in play she walked on a leash. Obedience exercises did not give her any problems and today she knows every exercise asked for by the Fachschaft for working dogs. The retrieving was a little more work intensive and I almost thought that "what little Hans did not learn, Hans will never get." ("Was Haenschen nicht lernt, lernt Hans nimmermehr.") But the Leonberger's intelligence and happiness to learn overcame this obstacle after some time, too. Today, Bella retrieves with flying colors. When we started jumping, she first just walked around the hurdle, since that was so much easier. But once I showed her myself what I wanted, she instantly jumped over and did not even realize that the hurdle went higher and higher, after she became perfect. Now she does not need any rewards, she loves to show what she can do and is proud of herself.

Then I got a German Shepherd for training. Generally it was easy for him to climb the two-yard high wall. Bella was protecting my bicycle nearby and was watching the training. He did not want to climb the wall that day and when he did not do it after my second command my Leonberger bitch Bella came running up and one, two, three she was already over the two-yard wall. The Shepherd people just stood there in awe and watched this performance. Quickly she went back to her old place to protect my bike. Bella got even so far as to climb the wall just as easily with a four-pound dumbbell in her mouth. She is the very best protector. She will not let anyone come near the object she is supposed to protect and will bark without stopping if anyone approaches, so that quite a few people got frightened. The hardest was the work on man. It took many inventions to get her to go for a person, since she was very good natured. But it could be done. She is not worried to be beaten. In short she is the best working and companion dog I have ever owned. *(Leonberger Zuchtbuch 1918-1967 p. 197)*

Otto Dietz che compara il Leonberger e il Pastore Tedesco negli anni '40

Ciò che si sa è che oltre venti allevamenti, che in passato praticavano regolarmente l'allevamento, scompaiono misteriosamente: scapparono dalla Germania? Vennero eliminati come dissidenti?

Conclusa la guerra, la Germania fu spezzata in due dalla cortina di ferro e con essa anche tutta l'Europa.

Le linee di sangue del Leonberger ovviamente presero due direzioni differenti per i successivi 30 anni.

Quindi in sintesi, mettendo insieme storia, un po' di logica e i documenti ufficiali, abbiamo davanti a noi un cane che:
1. Fonda le proprie origini in una storia lontana, fatta di cani da guardia generica accomunati ad altre razze non propriamente specificate;

2. È sottoposto a una prima selezione nel 1850 (circa) da Essig che ne ammorbidisce il carattere, in una mistura di cani non definiti nel colore e nelle forme;
3. Subisce una drastica riduzione nel numero di soggetti durante la Prima Guerra Mondiale;
4. Va in contro a un'opera di recupero genetico in epoca nazista: chissà quali cani vennero usati? Nessuno può realmente essere certo che vennero accoppiati Leonberger con altri Leonberger. C'è da considerare l'ipotesi dell'introduzione di altre razze, nell'obiettivo di avere cani più performanti, forse in linea con quello spirito tedesco a cui abbiamo accennato precedentemente.
5. Subisce una seconda drastica riduzione numerica durante la Seconda Guerra Mondiale;
6. Dal 1947 in avanti, la strenua lotta alla sopravvivenza della razza termina e comincia finalmente a fiorire la razza nel mondo.

Sapere la travagliata storia del Leonberger, e la tenacia con cui i suoi amatori hanno lavorato durante le insidie del 900, è importante per fare una scelta consapevole.

Le attitudini caratteriali del Leonberger che avrai dipendono moltissimo dal tipo di selezione scelta dall'allevatore a cui ti stai affidando.

Due Leonberger, estremamente simili in morfologia, in realtà, possono essere due cani dal carattere profondamente diverso e il motivo si trova proprio qui, in questa storia che ti ho appena raccontato.

Leggere solamente lo standard di razza e attenersi alla spiegazione caratteriale contenuta in esso per scegliere questo cane come razza a cui accompagnarsi, oggi non è abbastanza: chiedi al tuo allevatore di fiducia che carattere hanno i suoi specifici soggetti.

Avrai un'idea molto più chiara di cosa aspettarti una volta arrivato a casa col tuo cucciolo.

Da profonda amante di storia, e di questa razza, posso solo dirti che ogni volta che guardo un mio soggetto negli occhi rimango affascinata dalla storia che porta con sé.

Ogni mio Leonberger ha avuto tratti simili e, al contempo, altri diametralmente opposti.

È la storia che prosegue in un *continuum* storico, che inizia chissà dove e che noi amatori portiamo avanti.

Capitolo VI

Salute e longevità

Il Leonberger è un cane generalmente rustico, non affetto da particolari problemi di salute.

Può soffrire di dermatite se non regolarmente toelettato e avere qualche lieve intolleranza alimentare.

La conditio sine qua non è, però, prendere il cane da un allevamento serio, che esegue i test di salute necessari; altrimenti, da cane sano e rustico, a cane con gravi problemi osteo-articolari e neurologici il passo è brevissimo.

I test di salute non sono qualcosa su cui si può soprassedere.

È responsabilità di ogni allevatore coscienzioso eseguire ogni test necessario per garantire, per quanto possibile, ai nuovi nati una vita felice e avulsa da problemi di salute.

Comprare un Leonbeger è costoso perché mettere in riproduzione un Leonberger è molto costoso, i test per garantire una prole sana sono costosi!

Cuccioli a 50 giorni

Diffida da chi ti vuole vendere un cucciolo a prezzo stracciato: vuol dire che ha risparmiato da qualche parte... E se ha risparmiato proprio sui test di salute, avrai sovvenzionato un truffatore che gioca a fare Dio con anime innocenti che, una volta adulti, soffriranno.

Se sono 500 € di differenza quelli che ti fanno propendere per il cucciolo meno costoso, sappi che ne spenderai più del doppio dal veterinario una volta che il tuo cane avrà manifestato quei determinati problemi.

Salute e costo di compravendita vanno di pari passo.

È doveroso sfatare un mito e partirò da uno slogan che avrai sentito almeno una volta nella vita.

Adotta, non comprare!
Una vita non si compra, non è merce di scambio!

Se stai leggendo questo libro, partiamo già dal presupposto che vorresti comprare un cane.

Ti rassicuro raccontandoti perché questo slogan è estremamente campanilista e portatore di mal informazione.

Gli allevatori non ti vendono l'anima di un cucciolo, non ti vendono la sua pelliccia, non ti vendono l'amore che quel cane ti darà.

Un allevatore ti vende il proprio operato, ti vende le ore del proprio tempo, non ti sta solo vendendo il cane.

Il prezzo che paghi per il tuo cucciolo è dovuto da:

- Il tempo e la cura che l'allevatore da a tutti i propri cani: pensi che questo sia superfluo?

  L'etica, invece, è una cosa veramente importante quando si parla di vita.

  Un allevatore ha il dovere morale di donare il meglio ai propri cani, secondo tempo e risorse.

  Conoscere come le proprie tasche i cani che metterà in riproduzione non è un surplus: è un valore necessario.

  Dare il meglio ai propri cani è molto più costoso che lasciarli marcire in un box e tirarli fuori solo per l'accoppiamento;

- La professionalità: ci sono persone che si accontentano di farsi fare un gin tonic dall'amico dietro casa, e chi invece preferisce berlo espressamente in gintoneria.

  Questo è un esempio per spiegare velocemente che la professionalità in campo cambia molto il prezzo finale di acquisto;
- I costi per la messa in riproduzione: questa variabile è ciò con cui abbiamo aperto il capitolo ed è direttamente proporzionale.

  Più si spende per assicurarsi che i riproduttori siano sani, più il cucciolo costerà.
- Il costo di mantenimento della cucciolata per due mesi: i cuccioli sporcano, mangiano, necessitano di cure, un luogo adeguatamente pulito e curato, un luogo dove giocare, riposare e sperimentare in ogni fase della propria vita. Questo richiede risorse materiali in quantità enormi e tempo, moltissimo tempo.

  Pensi che, in termini di tempo, due mesi di cure ininterrotte, quasi 24 ore su 24, non debbano essere retribuite?

Momento pappa

Fotografia a cura di: Chiara Bracale

Ecco. Ora ti è molto più chiaro che ciò che pagherai non è la vita del cucciolo: è la dedizione con cui viene messo al mondo e curato per almeno due mesi.

Cresciuto, curato e coccolato come se fosse la propria opera d'arte.

Jill a 2 mesi

I test di salute

Ce ne sono molti e ti elencherò i principali.
Il Club Italiano del Leonberger definisce quali sono i test minimi necessari per la riproduzione.
Vediamoli insieme:

- Displasia dell'Anca (Hip Dysplasia): con esito A o B
- Displasia del Gomito (Elbow Dysplasia): con esito 0, BL, 1
- Test genetico per la Polineuropatia di tipo 1 (LPN1): con esito N/N o D/N (i D/N sono espressamente da accoppiare con N/N)

Dopo questi test minimi, ti elenco tre test di salute ritenuti "extra" che considero imprescindibili:

- Test genetico per la Polineuropatia di tipo 2 (LPN2): con esito N/N
- Test genetico per la Leucoencefalomielopatia (LEMP): con esito N/N o D/N (i D/N sono espressamente da accoppiare con N/N)

- Test genetico per la Polineuropatia con paralisi laringea (LPPN3): con esito N/N o D/N (i D/N sono espressamente da accoppiare con N/N)

Esistono moltissimi ulteriori test di salute effettuabili, ma quelli sopra elencati sono assolutamente i più importanti e che, da acquirente, mi assicurerei siano stati fatti.

Prospettive di vita

La vita media di un Leonberger si attesta intorno agli 8 anni.
Le femmine tendono a essere più longeve, con una media di 9 anni e i maschi di 7.
Ovviamente è una statistica e questo non significa che il nostro cucciolo a 7 anni sarà condannato.
Il Leonberger più longevo in assoluto registrato a oggi è una femmina di nome Su-Riya, vissuta in Giappone, arrivata alla venerandissima età di 16 anni e 2 mesi.

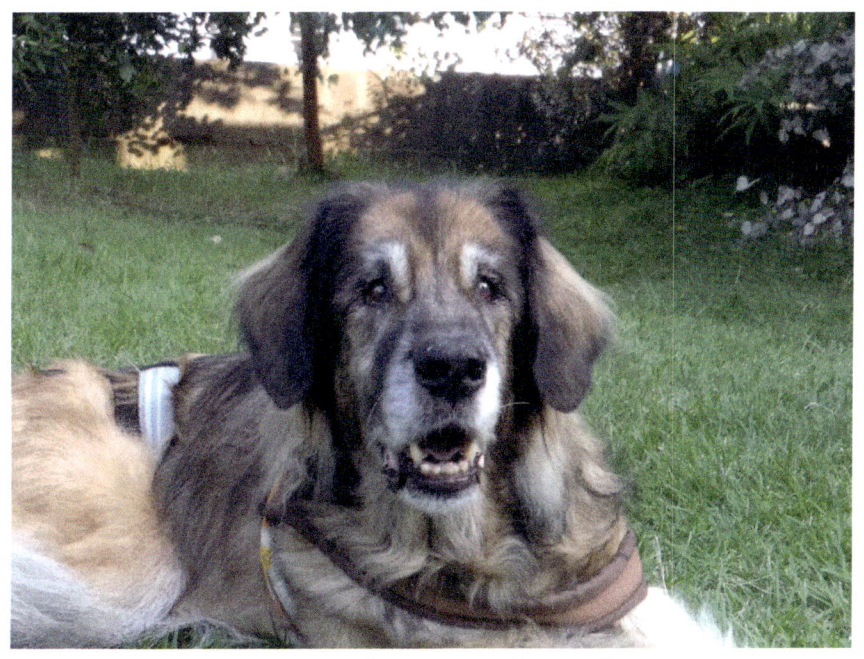

Genette of Mutsugoro, "Su-Riya"

La prima causa di morte nel Leonberger è il cancro.
È clinicamente difficile avere un Leonberger che arrivi al suo fine vita e muoia di vecchiaia. Solitamente, si ha un cane in ottima forma e, di punto in bianco, sopraggiunge una condizione clinica che nel giro di pochissimo se lo porta via.
Questa è una sorte condivisa con altre razze di taglia gigante.
È forse il tasto più dolente di tutti.
Un cane che si fa amare in tutto e per tutto, senza particolari problemi di salute, ma il suo difetto più grande è che ci lascia sempre troppo presto.
Dargli un'ottima alimentazione, facendo attenzione alla forma fisica evitando che ingrassi e garantendogli movimento in quantità adeguate, sono le condizioni necessarie per garantirgli una prospettiva di vita migliore possibile.

Jill a 2 anni

Capitolo VII

Alimentazione

L'alimentazione gioca un ruolo fondamentale nella salute generale del Leonberger.
Nel capitolo precedente abbiamo accennato al fatto che è un cane generalmente rustico e sano, ma può andare incontro a qualche problema di intolleranze alimentari.
Le intolleranze alimentari hanno un'eziologia estremamente variegata che va da dermatiti pruriginose in zone localizzate del corpo, fino a provocare gastriti con feci acquose.
Scegliere l'alimentazione giusta, che non sarà certo la più economica sul mercato, ti permetterà di avere un cane praticamente sempre in salute, che vede di rado il veterinario.

Gwennie a 18 mesi

Cibo naturale o crocchette?

Non c'è niente di meglio del buono e sano cucinato in casa, ma attenzione!
Non si può andare a braccio e arrangiarsi in maniera approssimativa mettendo *un po' di questo e un po' di quello*.
Ci vuole un veterinario, espressamente esperto in nutrizione, che ti dia una dieta bilanciata con gli adeguati integratori alimentari da seguire.
Esiste ormai da anni un'importante diatriba sul dare carne cruda o cotta, chi la cuoce al vapore, chi la scotta leggermente, chi la dà fresca di macellaio.
Non è il ruolo di questo libro dirti cosa è meglio fare in questo caso: ogni soggetto ha fabbisogni specifici ed essi vanno valutati e concordati direttamente col vostro veterinario specialista.

Devar a 3 anni e mezzo

Per chi non è pratico di cucina, o per chi ha poco tempo, le crocchette rimangono un'ottima alternativa se scelte tra le marche di altissima qualità.
Il mercato del *petfood* nell'ultimo decennio ha fatto enormi passi in avanti ed esistono moltissime marche poco conosciute, artigianali, *made in Italy*, che producono prodotti estremamente validi.

Per un neoproprietario è un mondo veramente enorme in cui spesso si affoga, affidandosi all'immagine del prodotto più accattivante e al prezzo più interessante.
C'è però un modo per fare scelte consapevoli al di là delle strategie di marketing: bisogna leggere l'etichetta!
Eccoti alcune dritte per comprenderla al meglio:

1. La composizione delle crocchette è strutturata con un elenco che mette gli ingredienti in maniera decrescente: il primo elencato sarà il maggiore in quantità e via via andando avanti le quantità andranno calando.
2. Bisogna fare attenzione alle percentuali. Sono elencate? Non sono elencate? E se sono elencate, in quali quantità? Un cibo di media-alta qualità avrà la percentuale di carne almeno al 30% (soglia sotto cui non andrei mai con un Leonberger).
3. Attenzione alle parole "carni e derivati di..." o "prodotti e sottoprodotti di...".

Questo è un metodo politicamente corretto per indicare che all'interno della crocchetta ci sono gli scarti (unghie, becchi, piume, pelle) il cui valore nutrizionale è bassissimo.
Queste sono le indicazioni sommarie per determinare la qualità dei prodotti presenti sul mercato del *petfood*.

Esistono anche altre variabili da tenere in considerazione, prima tra tutte la soggettività del tuo cane: un prodotto che sulla carta è valido non è comunque detto che vada bene per il tuo Leonberger.
Per fare un esempio "umano": la pasta al pomodoro è buonissima! Non tutti, però, la digeriscono: c'è chi è intollerante al glutine o chi invece ha acidità di stomaco se mangia il pomodoro.

La stessa cosa vale per il cane.

Gwennie che riposa

Le feci sono la principale fonte di informazioni per comprendere se il cibo somministrato è adeguato: bisogna valutarne la consistenza e la quantità prodotta.

1. La consistenza: in qualsiasi cibo industriale vengono introdotti alimenti che aiutano la solidificazione delle feci.
   Questi si chiamano addensanti fecali e, anche se suona come una cosa "cattiva", in realtà, esistono moltissimi prodotti naturali che hanno queste proprietà come la zucca, le carrube e le patate.
   99 su 100 almeno uno di questi, lo troverai in qualsivoglia crocchetta (che sia di alta o di bassa qualità). Quindi va da sé che generalmente la consistenza delle feci sarà ottimale, proprio grazie a questi ingredienti. Per contro, se il cane dovesse presentare una dissenteria acuta è il caso di allarmarsi esattamente per lo stesso identico motivo. Se il cane produce feci acquose nonostante la presenza di addensanti fecali naturali, vuol dire che c'è veramente qualcosa che non va!

2. Il quantitativo: appurato che la consistenza è ottimale, bisogna valutare quanta ne produce. Maggiore è il quantitativo prodotto, minore sarà l'assimilazione.

   Spieghiamolo con un esempio: se il cane mangia 500 grammi di crocchette e ne produce 500 di feci, avrà assimilato pochissimo di quel cibo. Questo non significa che dovrai pesare le feci prodotte, ma è visibile a "sentimento" quando un cane sta sporcando molto più di quanto dovrebbe.

Attenzione però ai cuccioli in crescita: sono tollerate molte più feci che nell'adulto.
Dedicherei un ultimo ma importante paragrafo all'importanza di avere un cane in forma e non obeso.

"Una volta ho visto un Leonberger che pesava 90 kg!"

Saresti fiero di ingozzare tuo figlio perché diventi un adulto severamente obeso?
Il valore del tuo cane non è valutato al chilo come in prosciutti in salumeria.
Il tuo Leonberger non sarà eccezionalmente più bello se peserà di più, non è una gara a *"chi lo ha più pesante"*.
Il normopeso di un Leonberger può variare moltissimo in base all'altezza e all'ossatura del soggetto.
Per questo motivo, il *range* va dai 50 ai 70 kg.
C'è un metodo infallibile per comprendere se è grasso o è in normopeso.
Quando il tuo cane è in piedi sulle quattro zampe, toccagli il costato: se sotto un leggero strato di muscoli pellicciai senti le coste, il cane è in normopeso. Se con le dita, al contrario, dovrai cercarle con impegno, è un segnale che il cane necessita di dimagrire.
Quando, invece, il cane è sottopeso?
Sempre nella posizione suddetta, passa una mano lungo la schiena: se senti visibilmente i processi spinosi, il tuo cane necessita di incrementare il proprio peso.
Quest'ultimo è il tipico caso di un cane la cui alimentazione è inadeguata: i proprietari danno la corretta dose di cibo indicato ma il cane assimila meno di quanto dovrebbe.

Brum-Brum a 2 anni

Capitolo VIII

Toelettatura

Il Leonberger è un cane a doppio manto, munito di pelo di copertura e fitto sottopelo.
È soggetto ad almeno due mute l'anno in cui si spoglia completamente del pelo in eccesso.
Se il cane vive un buon 50% del suo tempo in casa, avrà una massiva perdita di pelo tutto l'anno.
Toelettare un Leonberger non necessita di grandi competenze in ambito, ma bisogna avere la pazienza di farlo con regolarità per minimizzare l'insorgenza di nodi e accumuli indesiderati.
Spazzolare con le corrette spazzole una volta a settimana, sarà il modo migliore per tenere la situazione sotto controllo.

Gwennie a 5 mesi appena toelettata

Per quanto riguarda i bagni, bisogna sfatare qualche mito:

1. L'aceto di mele si usa in cucina. Non sul pelo del cane;
2. Il sapone di marsiglia si usa per i piatti. Non sul pelo del cane;
3. Il cane non è idrosolubile, può fare più di un bagno all'anno;
4. Anche i cuccioli non sono idrosolubili, possono essere lavati tranquillamente;

Il Toelettatore può diventare un vostro fidatissimo amico nella lotta alla gestione del pelo del Leonberger: portarglielo appena concluso il ciclo vaccinale sarà un'ottima occasione per abituarsi a stimoli altrimenti stressanti.

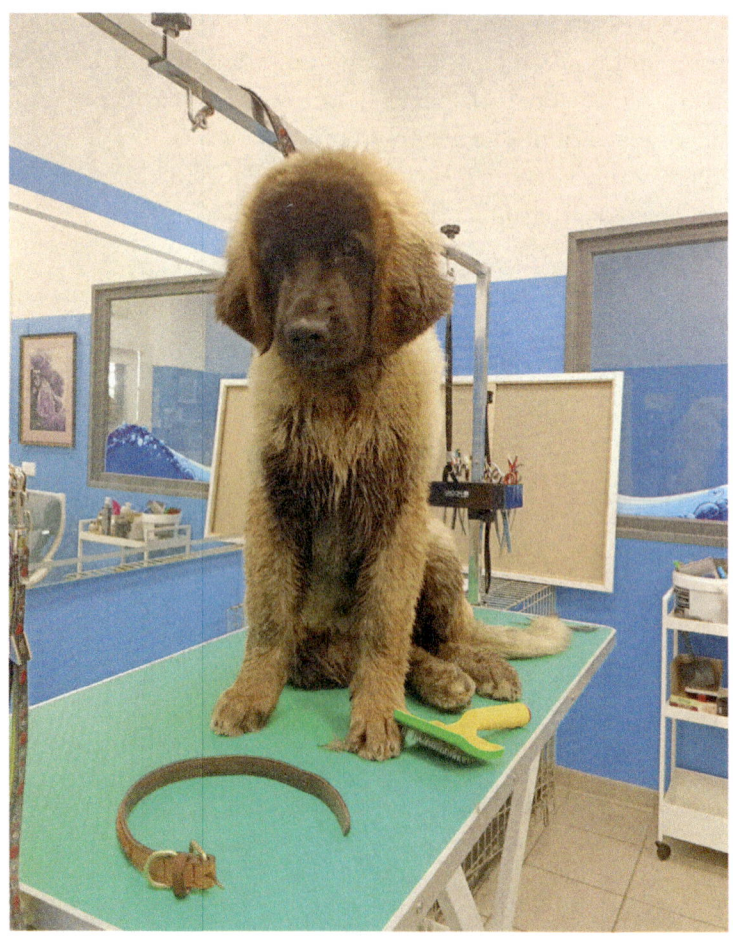

Gwennie in attesa di asciugatura sul tavolo da toeletta

La spazzolatura è un lavoro che fa da pretesto a qualcosa di molto più importante: la manipolazione.

Abituare un cucciolo a essere toccato e spazzolato ovunque è una condizione necessaria per la sua salute e sicurezza.

Un cane che non è mai stato abituato a farsi toccare le zampe, il giorno in cui si dovesse rompere un'unghia (è dolorosissimo!) non sarà assolutamente propenso a farsi curare; se, invece, ha già esperienza a farsi controllare, saprà che tu non sei una minaccia.

Le zone del corpo più importanti da controllare sono generalmente anche le più fastidiose per il cane ma non demordere.

Anche se lui dovesse mostrare di non essere d'accordo, ne va della sua salute, e tornerà utile quando capiterà un'emergenza.

Un cane di oltre 60 kg non abituato a farsi manipolare, se ferito o gravemente dolorante, sarà praticamente impossibile da curare se non sedandolo con la cerbottana!

Per questi motivi, è importante spazzolare e toccare il cane in contesto domestico e non attendere che sia solo il toelettatore a fare questa tipologia di lavoro e abituazione.

Interno orecchie, coda, zampe (palmo e dorso), membrane interdigitali e denti sono le zone che il cane deve farsi controllare senza battere ciglio.

L'ideale è iniziare quando il cane è a riposo, ossia quando la sua energia ed eccitazione sono molto basse. Al contrario, è sbagliatissimo toccarlo incitandolo al gioco.

Gli strumenti corretti per la cura del pelo

Non esiste una spazzola sola che faccia tutto il lavoro. Il pelo di un Leonberger può variare moltissimo in base alla tessitura, al periodo dell'anno, all'età, allo stato di salute e alla sua alimentazione.

Ecco i tre strumenti imprescindibili:

1. Cardatore: per la spazzolatura quotidiana è il tuo migliore amico. Non pettina a fondo, è in grado di dare un po' di ordine e di togliere il pelo morto. Piccoli cardatori possono districare matasse di pelo aggrovigliato, usati in combinata con appositi spray scioglinodi.

2. Pettine a rastrello: ottimo da usare quando si è in prossimità della muta stagionale. Se trovi in commercio la variante a doppia dentatura è ancora meglio. Attenzione, però, non va usato sui nodi, può fare molto male perché li strapperà via.
3. Pettine classico a denti lunghi: su un manto privo di nodi ma in muta, nulla toglie meglio il pelo morto del classico pettine.

Per una gestione ottimale del pelo, può essere interessante avere anche un soffiatore per cani.
È più potente di un classico asciugacapelli e ti aiuterà in molte situazioni:

- asciuga molto più rapidamente il pelo del cane, in caso lo dovessi portare al lago, fiume, mare;
- dare una soffiata generale al cane quando è bagnato permette di togliere dal sottopelo l'umidità, che è la principale causa di dermatiti umide;
- soffiare il cane anche da asciutto, ti permetterà di liberare il cane dal pelo morto in metà tempo rispetto alla semplice spazzolatura.

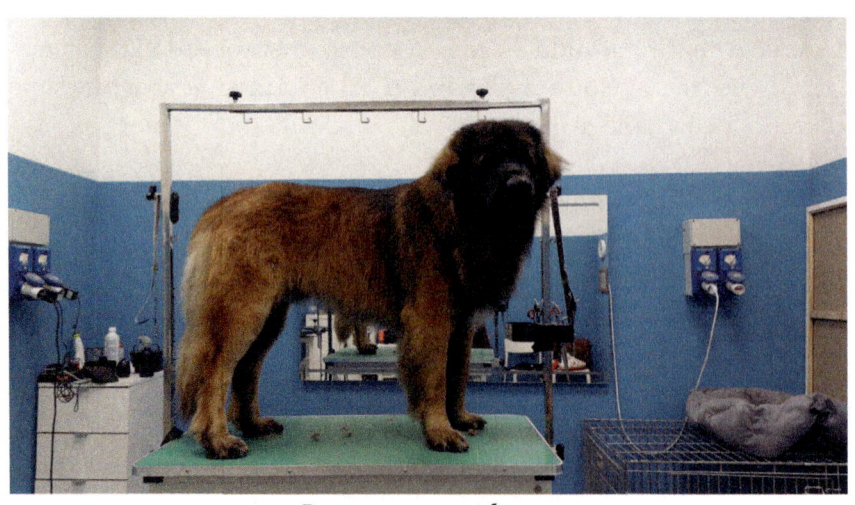

Devar appena toelettato

Il Leonberger non va assolutamente tosato, a meno che non ci sia una condizione clinica per cui si renda necessario.

Il pelo del cane è la sua unica protezione contro le intemperie: lo protegge dal freddo durante l'inverno e lo protegge dal sole in estate. Questo non significa che d'estate non patisca il caldo, ma il pelo è la sua unica protezione: la cute del cane è molto più delicata di quella dell'essere umano ed esporla direttamente ai raggi solari gli procurerà ustioni gravissime.

Spazzolarlo, lavarlo e soffiarlo regolarmente è tutto ciò di cui necessita.

Jill e la tipica lanuggine del cucciolo

Capitolo IX

Prospettive e pronostici sulla razza

Il Leonberger è una razza canina molto rara, dal *pool* genetico estremamente ridotto a causa di molte variabili tecniche corresponsabili:

1. **È un cane generalmente costoso**
   È costoso allevarlo ed è costoso mantenerlo.
   Questo riduce drasticamente il numero di soggetti disponibili in circolazione.
2. **Pochi accoppiamenti possibili**
   In ottica di un allevamento responsabile, è auspicabile scegliere accoppiamenti tra soggetti geneticamente distanti e non strettamente consanguinei. Questo può anche significare non trovare soggetti adeguati sull'intero suolo italiano e dover necessariamente guardare all'estero.
3. **Incauto utilizzo di stalloni**
   L'irresponsabile utilizzo di maschi stalloni senza un limite di monte ha portato ad avere progenie sparsa in tutto il mondo. Può forse essere un vanto, ma questo ha causato un danno inestimabile perché oggi Leonberger di tutto il mondo condividono alcuni progenitori.

Il Leonberger conta, secondo le statistiche ENCI, una media di 120 nascite l'anno. Un numero a dir poco esiguo se rapportato ad altre razze.

Ecco qui di seguito alcuni paragoni e numeri importanti:

STATISTICHE ISCRIZIONI ULTIMI DIECI ANNI

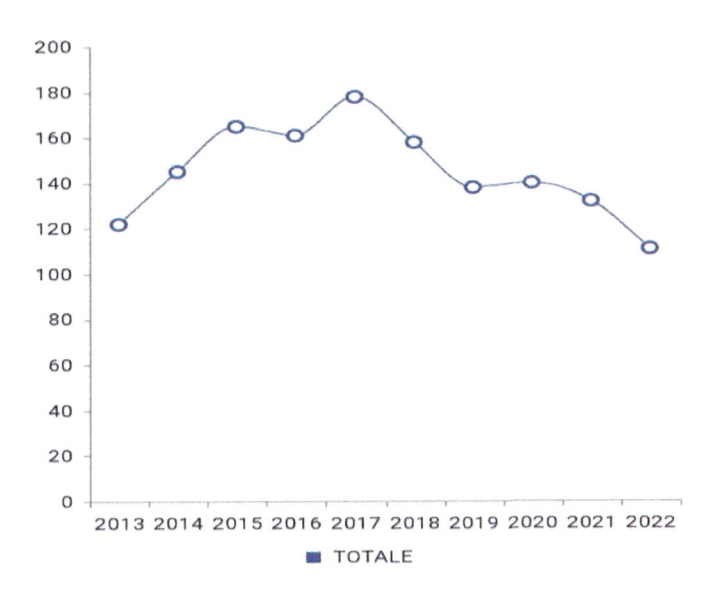

Diagramma di Iscrizioni al libro genealogico ENCI per anno della razza Leonberger

STATISTICHE ISCRIZIONI ULTIMI DIECI ANNI

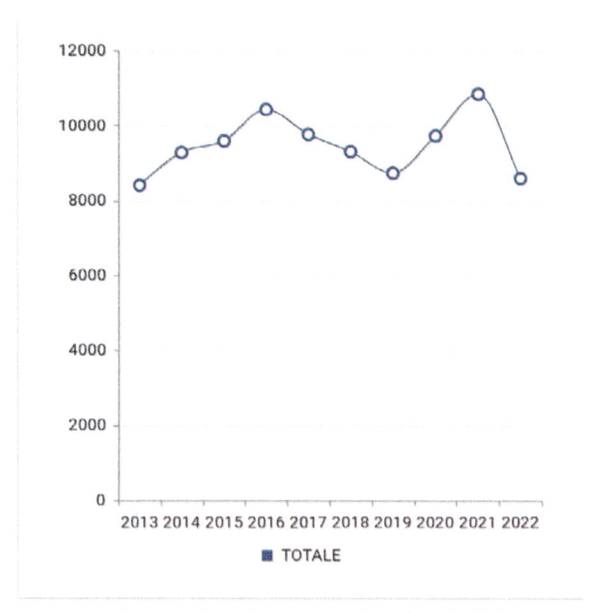

Diagramma di Iscrizioni al libro genealogico ENCI per anno della razza Labrador Retriever

STATISTICHE ISCRIZIONI ULTIMI DIECI ANNI

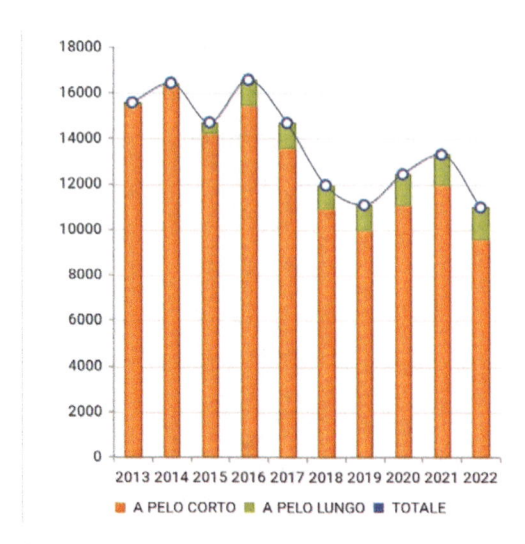

Diagramma di Iscrizioni al libro genealogico ENCI per anno della razza Pastore Tedesco

Questi numeri sono molto importanti per comprendere quanto sia delicata la situazione e motiva a cuore aperto la ragione per cui all'interno della razza stessa ci siano differenze morfologiche e caratteriali profonde: non ci sono i numeri per permettersi di fare una selezione strettamente omogenea.

Significherebbe tagliare ancora di più il *pool* genetico, in nome di una battaglia che non farà del bene alla salute della razza.

Serena con Rhodry e, in braccio, Jill

L'omogeneità dei caratteri è ciò che definisce senza ombra di dubbio il tipo, ma se questo porta a un impoverimento genetico e all'innalzamento delle problematiche di salute, che senso avrà avuto?

Esistono due strumenti importantissimi per gli allevatori e genetisti esperti di razza, utili in ottica di un allevamento responsabile che ha a cuore il futuro del Leonberger.

1. Il Coefficiente di Inbreeding (COI): è un calcolo percentile che misura quanta consanguineità è presente all'interno di un soggetto.
2. Mean Kinship (MK): è una misurazione che conta quanto è popolare la linea di sangue utilizzata per produrre un determinato soggetto. È un calcolo percentile che aiuta a comprendere quanti soggetti unici o poco "usati" un cane ha nel proprio genoma.

Si tratta di due calcoli percentili che non vanno di pari passo. Un cane potrebbe avere un COI molto basso ma arrivare da soggetti che hanno riprodotto più volte in tutto il mondo e, di conseguenza, avere un MK molto alto.

A cosa serve raccontare questo?

Serve a comprendere che su una scala di 120 nascite l'anno, quindi una media di 1000 soggetti totali su suolo nazionale, cercare gli accoppiamenti corretti secondo i due criteri evidenziati sopra in addizione ai test di salute ottimali è come cercare un ago in un pagliaio.

Se poi dovessimo aggiungere anche velleità estetiche, come una focatura più marcata, più tendente al rosso e meno al dorato, una coda portata necessariamente bassa e non tollerare una coda portata alta, che nulla ha a che vedere con la longevità del cane, diventerebbe una carneficina.

Per alcuni versi, lo è già.

Allevare in maniera così stringente ha portato a soffrire di un male silenzioso che, però, affligge in buon numero la razza: l'infertilità.

In Europa, alcuni allevatori di Leonberger hanno preso il coraggio a piene mani iniziando un progetto indipendente, nuovo, da cui i club ufficiali di razza di tutto il mondo hanno preso le distanze.

È stato imbastito un programma di *crossing* inter-razza esattamente come se il Leonberger dovesse essere ricreato *ex-novo*.

I protagonisti di questa selezione sono, al momento, un Leonberger che è stato incrociato con un Cane della Serra d'Estrela e saranno previsti ulteriori *cross* con il Broholmer e il Germanischer Bärenhund (razza autoctona tedesca non riconosciuta dal canale ufficiale FCI). Altre razze sono sicuramente presenti all'interno del programma, ma sono attualmente segrete.

Questi allevatori indipendenti, che di fatto amano moltissimo il Leonberger e stanno cercando di ricrearlo "daccapo", stanno lavorando su quello che in genetica di chiama "vigore ibrido", cioè la possibilità di essere geneticamente più forti e in salute perché il sangue è composto da soggetti molto distanti tra loro.

Il carattere rimarrà lo stesso?

Beh, probabilmente all'inizio no, ma la selezione nasce proprio così: si prendono i soggetti migliori secondo uno scopo, si incrociano tra loro e si portano avanti solo coloro che rispecchiano totalmente i criteri che ci si è prefissati.

Cane della Serra d'Estrela

Germanischer Bärenhund

Broholmer

Il futuro del Leonberger puro è minato da questo progetto indipendente che sta avvenendo in Europa? No, penso proprio di no.

I soggetti, nati e allevati secondo questo criterio di ricreazione della razza, sono sprovvisti di pedigree e ci vorrà una ufficiale legge integrativa da parte della Federazione Cinologica Internazionale (FCI) e dal club ufficiale tedesco di razza perché possano essere incrociati con i Leonberger puri.

Rimane comunque un progetto audace e ambizioso, che andrà tenuto sott'occhio.

Serena e cuccioli a 40 giorni

Fotografia a cura di: Chiara Bracale

Vale la pena fare una riflessione allontanandoci per un momento dal piccolo mondo del Leonberger.

Esistono due razze di cani di grande mole pari al Leonberger che godono di una Longevità molto superiore a un qualsiasi Bovaro del Bernese, San Bernardo o Terranova.

Sono il Pastore dell'Anatolia (vita media tra i 10 e i 13 anni) e il Pastore dell'Asia Centrale (vita media tra i 12 e i 15 anni).

Nei miei lunghi anni di studi, ho avuto modo di osservare questi cani e spesso mi sono domandata: perché loro sì e un Leonberger no? Qual è quell'elemento decisivo che ha permesso a queste due razze di vivere una vita decisamente più prestante e longeva?

Ho trovato la risposta in due variabili tanto semplici che nonostante fossero da sempre sotto i miei occhi, mi era impossibile vedere.

1. **La povertà estrema dei contesti di origine.**
   La fame e la povertà mettono una pressione selettiva importantissima sui cani da utilità all'uomo. Entrambi i Pastori dell'Asia Centrale e il Pastore dell'Anatolia arrivano da contesti rurali di pastorizia in cui la loro presenza è correlata direttamente alla custodia del bestiame.
   Pastori umani con pochissimo cibo e acqua già per se stessi, nutrono i cani con il latte del bestiame e gli avanzi.
   Le transumanze durano intere stagioni e il contesto cittadino in cui rifornirsi è, talvolta, distante giorni di macchina: ciò che è certo è che i pastori non portano sacchi di crocchette per i cani.
   I cani si arrangiano come possono e vige la regola del più forte: i più prestanti sopravvivono, i deboli muoiono.
   Va da sé che i forti saranno anche coloro che si riprodurranno; quindi, la pressione ambientale incide un 50% sulla forte genetica di questi cani.

2. **La vastità geografica del contesto di origine.**
   L'Asia Centrale copre una superficie di ben 4,002,000 km^2 e l'Anatolia è un areale di 755.688 km. Più è vasta la regione in cui si crea la razza e più, per logica, il numero di progenitori sarà maggiore. Un esempio spiegherà meglio questo concetto: se diamo per assunto che Essig abbia creato la razza dall'incrocio di alcuni cani selezionati, i progenitori del Leonberger saranno stati circoscritti al numero di cani che lui aveva nel proprio giardino.
   Quanto può essere vasto il perimetro di un semplice allevamento? Non di certo quanto mezzo continente!
   Invece, possiamo assumere che l'Asia Centrale avesse milioni di pastori che avevano bisogno di cani di grande mole che proteggessero armenti e bestiame da grandi predatori (lupi e orsi).
   Quindi, nel momento in cui si è deciso di unificare questi cani sotto il nome di Pastore dell'Asia Centrale i soggetti progenitori erano moltissimi.
   Dunque, all'origine della razza il *pool* genetico era composto da una prolifica e benefica eterogeneità di cani possibilmente molto distanti geneticamente gli uni dagli altri.

Questo impone in scienza e coscienza una grande riflessione su "ciò che stiamo facendo" e "dove vogliamo andare".

Certo è che il tipico contesto di vita di un Leonberger non è paragonabile ai pastori sopra descritti, ma questo porta alla luce un problema senza risoluzione.

Il benessere in cui viviamo e in cui permettiamo di vivere i nostri cani, è veramente la scelta più consona in prospettiva?

Un maschio di Leonberger che non è in grado di montare una femmina autonomamente, o che non si attiva all'odore del calore, che necessita di eseguire un'inseminazione assistita e artificiale, è davvero corretto metterlo in selezione?

Forse sì, considerato il povero *pool* genetico, o forse no perché peggioreranno, un briciolo alla volta, sempre più, le condizioni di esistenza di questa razza.

Non c'è una risposta corretta o una sbagliata a questo quesito, ma vogliamo concludere così, con questa riflessione.

Che questa possa provocare in chi legge una scintilla di consapevolezza e perché le scelte siano sempre fatte per un motivo e con uno scopo.

In qualsiasi direzione, l'ignoranza è ciò che avvelena il futuro.

Cure parentali: Devar e cucciola di 40 giorni

Fotografia a cura di: Chiara Bracale

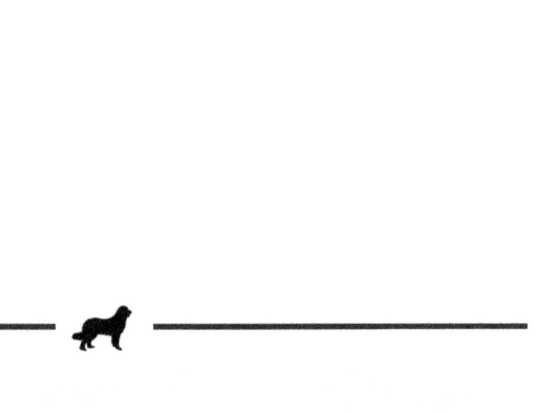

Appendice

Formazione accademica e cronologia eventi importanti

2011-2015
- Laurea in Educazione Professionale. Tesi di laurea: *"Efficacia della Pet Therapy in situazioni di disagio"*

2014
- PRENDO IL MIO PRIMO LEONBERGER, RHODRY!
- Attestato di Operatore di Pet Therapy coadiuvato dal cane
- Apprendistato in assistenza come addestratore cinofilo sul territorio genovese

2015
- Attività di Pet Therapy in centri ludico educativi per bambini
- Attestato di ADDESTRAMENTO CINOFILO
- Partecipazione a raduni di razza Leonberger
- Inizio dello studio genetico dei pedigree, dei test valutativi e statistiche sulla razza Leonberger

2016
- Attività di Pet Therapy in centro riabilitativo per disabili autistici
- Inizio Militanza in Protezione Civile sezione Cinofilia da Soccorso
- Formazione per raggiungimento brevetto per la ricerca in superficie e macerie di Rhodry
- Attestato di qualifica ADDESTRATORE ENCI SEZ. 1
- Attestato di Qualifica Istruttore Cinofilo III Livello FISC
- Attestato di Istruttore Scent Game 1° Livello
- Volontariato in Pet Therapy presso residenza per Anziani
- Attestato di Valutazione e Test Caratteriali di Pastori Guardiani

- Attestato di partecipazione a I PROBLEMI COMPORTAMENTALI nel CANE, comprensione, valutazione e metodiche di risoluzione a cura di Laura Vaccaro
- BREVETTO 1° LIVELLO SOCCORSO IN SUPERFICIE, rilasciato dal COORDINAMENTO PROVINCIALE DI PROTEZIONE CIVILE DI SAVONA

2017

- Apertura del Centro di Addestramento *Centro Cinofilo Albenga*
- Organizzatrice di eventi con collaboratori esterni in tema di difesa personale, prossemica e comunicazione intraspecifica e interspecifica
- Porto a casa il mio secondo Leonberger, Jill, figlia di un *cross* tra le più importanti linee di sangue Russo Svedesi del momento
- Assistenza e apprendistato in ambito di cani da conduzione continentali
- Formazione per raggiungimento brevetto per la ricerca in superficie e macerie di Jill
- Collaborazione nella formazione, test valutativi, divulgazione e cultura cinofila in merito alle razze da grande Guardiania (Pastore dell'Asia Centrale, Pastore del Caucaso, Pastore Maremmano Abruzzese, Pastore dell'Anatolia)
- Attestato di qualifica a Figurante da Ricerca cani Superficie e Macerie
- *Certificate of Completion in Mantrailing Training*, rilasciato dall'International Bloodhound Training Institute
- Attestato di Partecipazione *"Cani al Confine, tra maltrattamento genetico e osservazione dei cani selvatici, randagi e rinselvatichiti"* a cura di Barbara Gallicchio e Roberto Bonanni
- Qualifica Tecnica Nazionale di Educatore Cinofilo III Livello
- Attestato per *Figurante da Ricerca su Superficie e Macerie*, rilasciato da Protezione Civile - Soccorso Cinofilo Liguria

2018

- Attestato di *Urban Search & Rescue Team "Light"*, rilasciato da Protezione Civile – Soccorso Cinofilo Liguria
- Apprendistato in assistenza per le discipline sportive acquatiche in vasca

- Attestato di Partecipazione *"L'aggressività del cane, metodi a confronto per il recupero comportamentale"* a cura di Jean-Jacques Peton

2019

- Collaborazione per l'apertura del Centro Cinofilo Aquarius di proprietà di Dario Bruzzone, come formatore per le discipline d'acqua
- Ottenimento del brevetto CAE-1 ENCI per Rhodry e Jill
- Organizzazione raduno Leonberger
- Rhodry muore di Sarcoma Indifferenziato in bocca, all'età di 5 anni
- Vice Store Manager punto vendita Isola dei Tesori

2020

- Importazione dalla Lettonia del mio 3° Leonberger, Devar, per avviare il mio progetto di riqualifica di razza
- Prima cucciolata tra Jill e un imponente maschio italo-tedesco con brevetto di salvataggio nautico, da cui tengo una femmina di nome Lia, in collaborazione con Monica Morgese
- Test valutativi in ambito di ricerca in Mantrailing, acquaticità e morso predatorio per attestare le qualità caratteriali di Devar
- Organizzazione raduno Leonberger

2021

- Seconda e ultima cucciolata di Jill con Devar, da cui tengo una femmina: Brum-Brum
- Organizzazione raduno Leonberger

2022

- Inizio collaborazione con Anna Denisova, in ambito di cura del pelo, toelettatura e preparazione del cane in ambiente espositivo
- Organizzazione raduno Leonberger
- Organizzazione di evento cinofilo in acqua esclusivo per cani provenienti dal mio allevamento
- Importazione dal Belgio del mio 5° Leonberger, Gwennie, per proseguire nel mio progetto di riqualifica della razza

- Importazione dalla Francia a ridosso dei Pirenei di Aki, 6° Leonberger e affidato a Monica Morgese, per aumentare il *pool* di variabilità genetica all'interno del mio allevamento
- Intervista in TV al programma *"Cani Gatti & Co."* sulla razza Leonberger

2023

- Terza cucciolata, tra Lia e Devar, da cui nascono straordinariamente 13 cuccioli
- Un maschio e una femmina vengono affidati con prospettive di allevamento.
- Lia, Devar e Brum-Brum ottengono il brevetto ENCI CAE-1
- Casa Pavese diventa un centro specifico di specializzazione a 360° della razza Leonberger. Vengono trattati argomenti specifici sotto forma di stage e vengono realizzati incontri mensili di addestramento cuccioli e adulti.
- Conseguimento del Master per Allevatori Cinofili ENCI

Bibliografia

- Abrantes Roger, *The Evolution of Cannin Social Behaviour*, Wenatchee Washington, Wakan Tanka Publishers, 2005
- Bäumerich Elke, *Leonberger*, Shwarzenbek, Cadmos, 2011.
- Bliss-Isberg Carolin, *The Leonberger. A comprehensive guide to the lion king of breeds*, New York, Revodana Publishing, 2017
- Bonanno Fabrizio, *Obiettivo Zootecnico sul Leonberger*, Porto Viro, Antonio Crepaldi, 2015
- Chandler; Evans; Singleton; Startup; Sutton; Tavernor, *Diagnostica e terapia delle malattie del cane*, Roma, Marrapese Editore D.E.M.I. Srl, 1981
- Ellis Shaun, *L'uomo che parlava con i lupi*, Milano, Rizzoli, 2010
- Gallicchio Barbara, *Lupi Travestiti, le origini biologiche del cane domestico*, Colnago di Cornate d'Adda, Edizione Cinque, 2001
- Lorenz Konrad, L'etologia, Torino, Bollati Bornghieri Editore, 1980
- Meier Karl, *Leonberger Chronik, 1846-1996*, Ansbach, Kynologische Sammlung, 1996
- Meneghetti Vittorino, *L'uomo e il cane*, Varese, Mursia, 2010
- Miklosi Adam, *Dog Behaviour, Evolution and Cognition*, Oxford, Oxford University Press, 2015
- Romanò Angelo, *Stimolazione Neurologica precoce*, Torrazza Piemonte, Amazon Italia, 2019
- Ross d. Clark, *DVM. Medical, Genetic & Behavioural risk factors of Leonbergers*, Bloomington Xlibris, 2014
- Stramer Metha, *Der Hund von Leonberg. Die Expansion*, La Tissière, Indipendent Leo Gazette, 2010
- Stramer Metha, *Der Hund von Leonberg. Eine turbulente Vergangenheit*, La Tissière, Indipendent Leo Gazette, 2010
- Stramer Metha, *Der Hund von Leonberg. Zum zweiten Mal beginnen.*, La Tissière, Indipendent Leo Gazette, 2010
- Trumler Eberhard, *A tu per tu con il cane*, Monaco, Orme, 2011
- Wilma und Robert Beutelspacher, *Leonberger Zuchtbuch, Zusammenfassung 1918-1967*, Geschichte Erinnerungen. Deutscher Club für Leonberger Hund e. V. Sitz Leonberg/Württ, Leonberg, 1988

Ulteriori letture suggerite

- Alderton David, *Dog Decoder*, Milano, De Vecchi Editore
- Coco Emanuele, *Il comportamento degli animali*, Milano, Giunti Editore
- Ghidini Antonella, *I miei primi 20 anni da cani*, Varese, Amazon Italia
- Kreitner Kinicki, *Il comportamento organizzativo*, Santarcangelo di Romagna, Maggioli Editore.
- Mangini Claudio, *Parlare da cani*, storia di una relazione, Roma, Edizione ALTEA
- Matticari Loredana, *A sei zampe*, Roma, Libritalia
- Perosino Guido, *Il Leonberger*, Milano, De Vecchi Editore

Fonti iconografiche

- Archivio personale di Serena Pavese
- Bliss-Isberg Carolin. *The Leonberger. A comprehensive guide to the lion king of breeds*. New York, Revodana Publishing, 2017
- Clube Português De Canicultura (www.cpc.pt)
- Hundemagazin (www.hundemagazin.net)
- International Database Leonberger (www.facebook.com/ILE-ODB/)
- Sito ufficiale ENCI (www.enci.it)

Printed in Great Britain
by Amazon